传承·守望
圆明园文物保护巡礼

北京市海淀区圆明园管理处　编

文物出版社

图书在版编目（CIP）数据

传承·守望：圆明园文物保护巡礼 / 北京市海淀区圆明园管理处编. -- 北京 : 文物出版社, 2023.10
ISBN 978-7-5010-8120-2

Ⅰ. ①传… Ⅱ. ①北… Ⅲ. ①圆明园—图集 Ⅳ. ①K928.73-64

中国版本图书馆CIP数据核字（2023）第117767号

传承·守望

圆明园文物保护巡礼

编　　者　北京市海淀区圆明园管理处
责任编辑　王　戈
责任印制　张道奇
装帧设计　雅昌设计中心·北京
出版发行　文物出版社
社　　址　北京市东直门内北小街2号楼
邮　　编　100007
网　　址　http://www.wenwu.com
经　　销　新华书店
印　　刷　北京雅昌艺术印刷有限公司
开　　本　635mm×965mm 1/16
印　　张　15.5
版　　次　2023年10月第1版
印　　次　2023年10月第1次印刷
书　　号　978-7-5010-8120-2
定　　价　680.00元

编辑委员会

总策划

邱文忠

策　　划

李向阳　王　猛　李京立　张　澎　马晓林

学术指导

靳枫毅　张中华　李天凯

主　　编

邱文忠

副主编

王　猛

编　　辑

张　黄　陈　辉　马靖妮　胡晓莹　常　华　邱　静　庞晓寒

撰　　稿

孙晨露　贾贯峰　马菱汕　沈桐　康孟珍　张凤梧

鸣谢单位

故宫博物院

中国国家博物馆

首都博物馆

北京大学

保利艺术博物馆

北京清城睿现数字科技研究院有限公司

目录

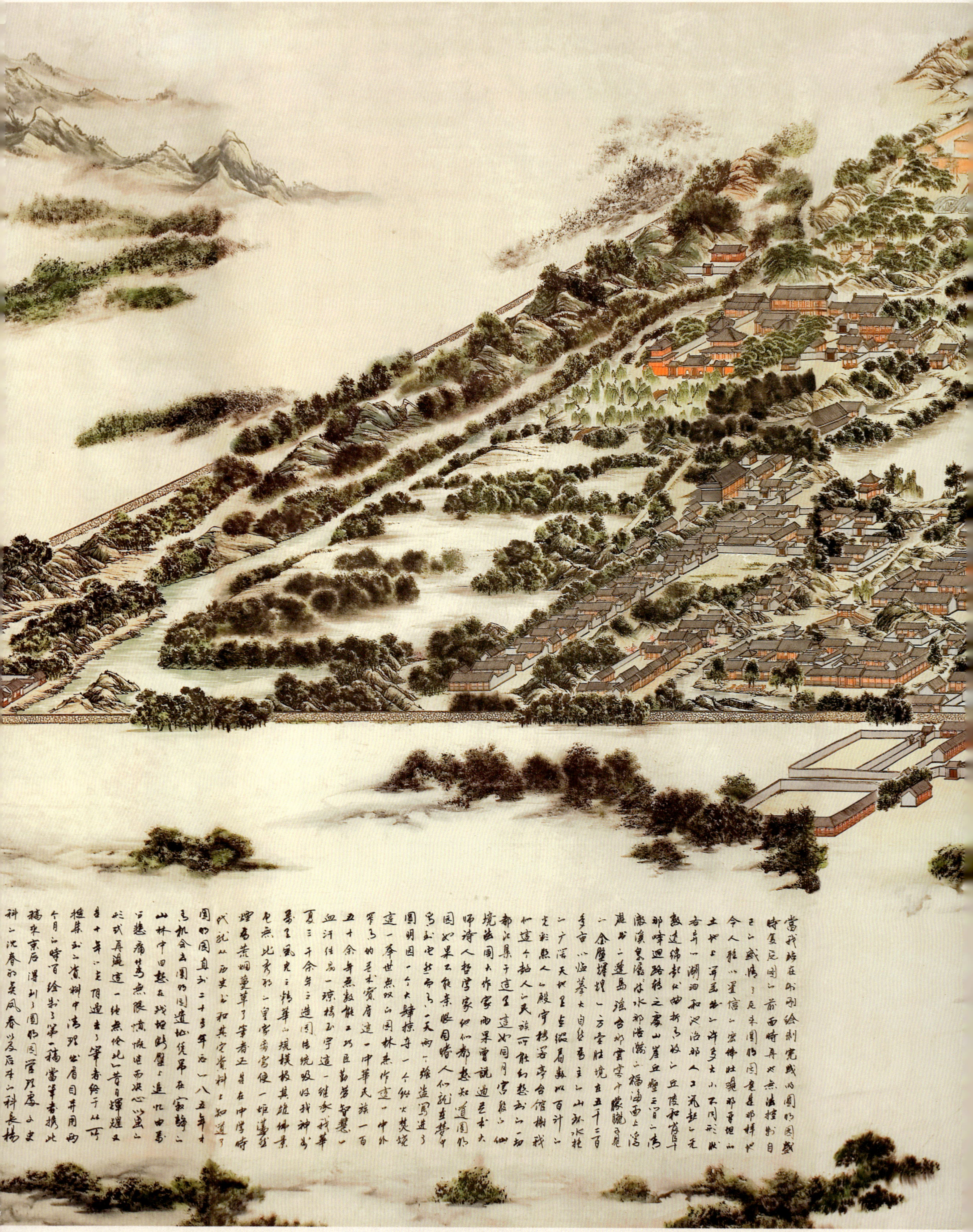
当我站在刚绘制完成的圆明园盛
时复原图的前面时再也无法控制自
己的感情了原来圆明园竟是那样的
令人难以置信的宏伟壮观那重现的
土山与异峰的许多大小不同形状
各异的湖泊和池沼那人工流动的无
数迂绕弯曲折的丘陵和宽平
那峰回路转之处山崖丘壑之间的
澈溪泉瀑的水那浩淼的福海西上的
蓬莱的蓬岛瑶台那云雾中朦胧可见
的金碧辉煌的方壶胜境在五千二百
多亩的临摹大自然的山水和水榭
的广阔天地里点缀着数以百计的
光彩照人的殿宇楼阁亭台馆榭我
们这个勤劳的民族所能创想出的一切
都汇集于这里这如同月宫般的仙
境法国大作家雨果曾说过艺术大
师诗人哲学家们都想知道圆明
园如果不能亲眼目睹人们就在梦中
见到它然而一天两个强盗闯进了
圆明园一个大肆抢夺一个纵火焚烧
这一举世无双的园林杰作这一中外
罕见的艺术宝库这一中华民族一百
五十余年无数能工巧匠勤劳智慧和
血汗结晶一琼楼玉宇这一继承我华
夏三千余年的造园传统吸收我神州
万里风光之精华的规模极其雄伟景
色无比秀丽之皇家离宫便一炬灰烬
变为荒烟蔓草了笔者正是在中学时
代就从历史书和其它资料上知道了
圆明园自公二十多年后一八五年才
有机会去圆明园遗址凭吊在寂静的
山林中田野在残垣断壁上追忆曲万
分悲痛万无限愤慨进而决心以画的
形式再现这一绝无伦比的昔日辉煌又
是十年过去了笔者终于从所
搜集的资料中清理出眉目并用两
个月的时间绘出了第一稿当笔者携此
稿来京后得到了圆明园管理处史
科的沈春和吴凤春以及后来的科长杨

本运等同志之大力帮助特别是研究
圆明园的专家張恩荫先生对定位稿
上的不當之處提出了具体的修改意见
才使得以样式雷的总平面图为依据
的草稿在一个月内就完成了在此
作过程中張先生又多次亲临寒舍具
体指导因此笔者认为這幅复原图可
能是在這是基本符合圆明园盛时的
原貌的笔者除完成日常工作外每天
都要工作到凌晨两叁点钟虽艰辛至
极却乐此不彼因为经过這一年多的
拼搏终于把圆明园盛时之全貌再现
在人们的面前如果這幅作品能使人们
一些新的启迪或能进一步地激发
起人们的爱国主义情感便是笔者的
最大快乐了
九七年五月賓成记於京城

時景瞰原圖

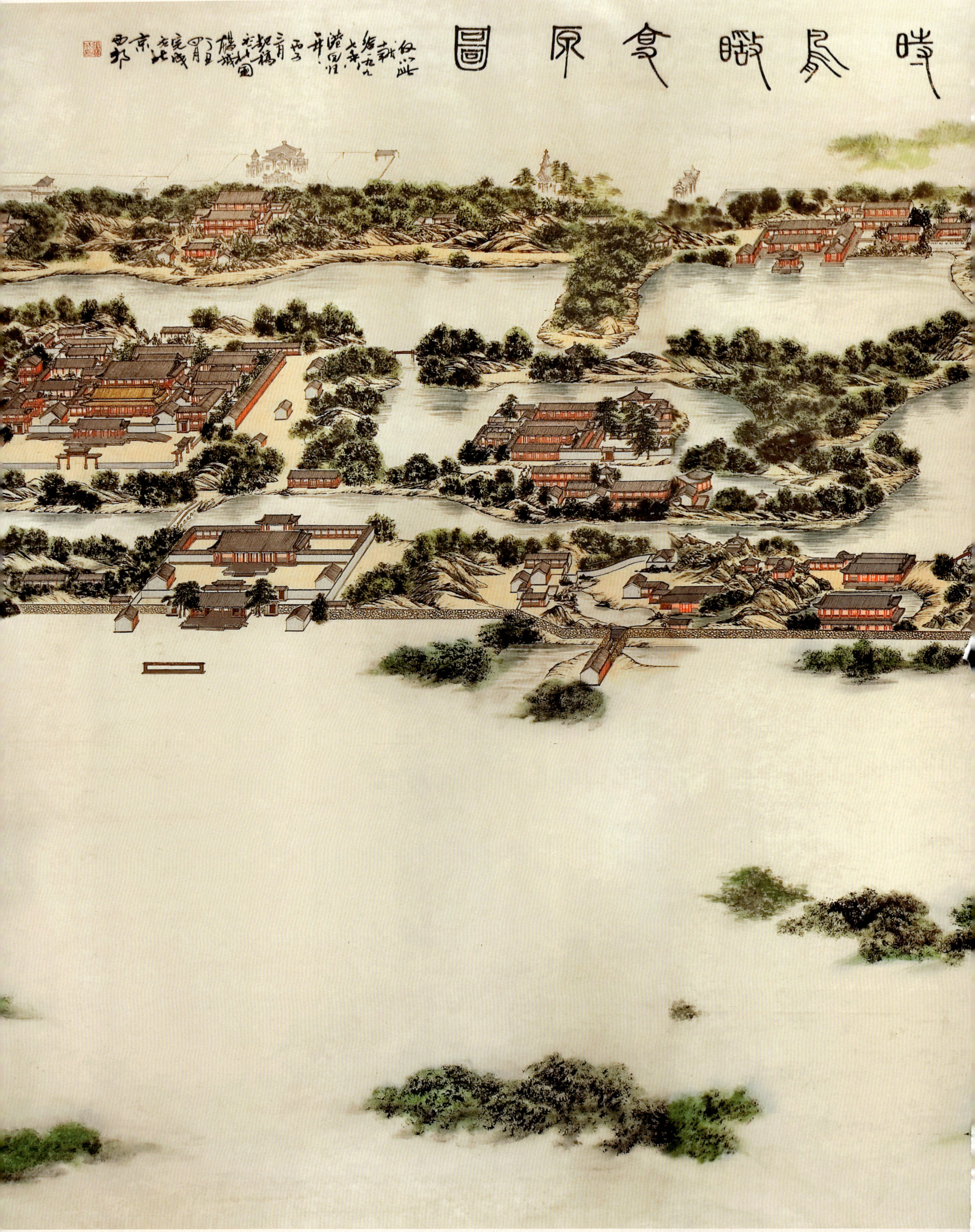

圓明園盛

山高水长

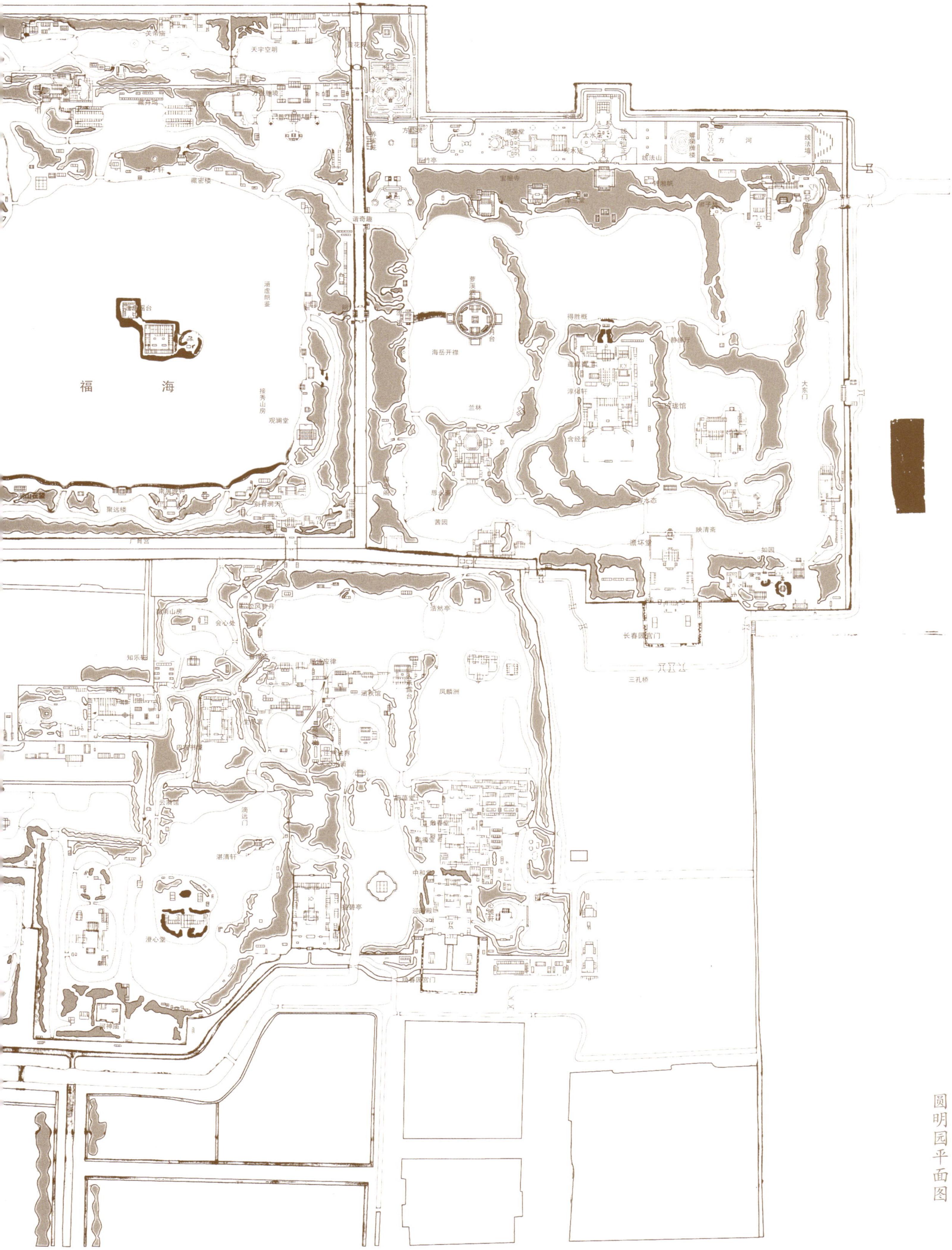
关帝庙
天宇空明
藏密楼
谐奇趣
涵虚朗鉴
福
海
接秀山房
观澜堂
南屏晚钟
别有洞天
聚远楼
广育宫
方外观
海晏堂
大水法
线法山
方
河
线法墙
宝相寺
海岳开襟
兰林
思永斋
茜园
得胜概
静缘斋
淳化轩
含经堂
玉玲珑馆
大东门
映清斋
澹怀堂
如园
长春园宫门
三孔桥
浩然亭
会心处
凤麟洲
涵秋馆
湛清轩
澄心堂
鉴碧亭
中和堂
迎晖殿
绮春园宫门
河神庙

圆明园平面图

序　言

北京市海淀区圆明园管理处党组书记、主任 

山河千秋，文脉绵长。作为园林艺术集大成者的一代名园，圆明园是无与伦比的。源远流长的中华文明，美轮美奂的艺术瑰宝，民族交融，多元一体，在这里绽放出璀璨的光华。

劫灰飞尽，不诉离殇。1860 年，圆明园惨遭英法联军洗劫，名园焚毁殆尽，珍宝流离异乡，火劫，木劫，石劫，土劫，从此历经磨难，命途多舛。

心之所向，素履以往。1949 年后，党和政府高度重视圆明园遗址的保护。怀着建设高品质国家考古遗址公园的美好愿景，在传承与守望之中，一代又一代圆明园人筚路蓝缕，脚踏实地，奋力谱写圆明园新时代的华章。历经多年的考古发掘与保护修复，一代名园在断壁颓垣中涅槃重生，蓬勃发展，成为第一批国家考古遗址公园，昔日盛景渐次重现，流失文物陆续回归，焕发出新的生机与活力，成为展示中华文明的重要场所和全国爱国主义教育基地。

骏马归来，其道大光。本书以“百年梦圆——马首铜像回归展”为主线，进一步拓展到圆明园多年来的文物保护和研究成果，从考古发掘到遗址保护，从景观修复到文物回归，从价值阐释到文化传播，深入挖掘圆明园丰富而深厚的文化内涵，旨在凝聚中华儿女守护民族根脉的爱国之心，弘扬中华民族坚韧不拔、百折不挠的民族精神，激励中华儿女紧密团结在以习近平同志为核心的党中央周围，凝心聚力创造中华民族更加辉煌的未来。

前　言

圆明园始建于清康熙四十六年（1707年），后经五代帝王营建，有园林风景百余处，珍奇异宝不计其数，终成清代皇家园林的杰出代表，被誉为“一切造园艺术的典范”。1860年，圆明园遭到英法联军的掠夺、焚毁，举世闻名的“万园之园”被付之一炬。后又几经劫难，茂苑华林荡然无存，珍宝典籍流落园外。从此，圆明之痛深埋国人心底，同时燃起的是对祖国的热爱与希冀。

曾经，圆明园是清代三山五园中的璀璨明珠，是万重叠翠、玉阙珠楼间的帝王园林游观之所，清代皇家文化的缩影。成为遗址公园后，如何保护好遗址文物本体，全面展示其历史文化内涵，成为圆明园人的首要任务。多年来，经过不断努力，圆明园在考古遗址公园的发展历程中亦取得长足进展。作为保存展示文物、折射三山五园区域文化、加固中华优秀历史文化留存的重要阵地，圆明园国家考古遗址公园更将服务于全社会，成为市民、游客认识历史、感悟文化的窗口。

文物承载灿烂文明，传承历史文化，维系民族精神，是中华民族生生不息、发展壮大的见证，是继承和弘扬中华优秀传统文化的历史根脉。我们将不负韶华，成为中华文化遗产的保护者、研究者、传承者，不断增强文物保护利用能力，推动圆明园文化的创造性转化和创新性发展。

谨以本书，献给关心、热爱圆明园的人们!

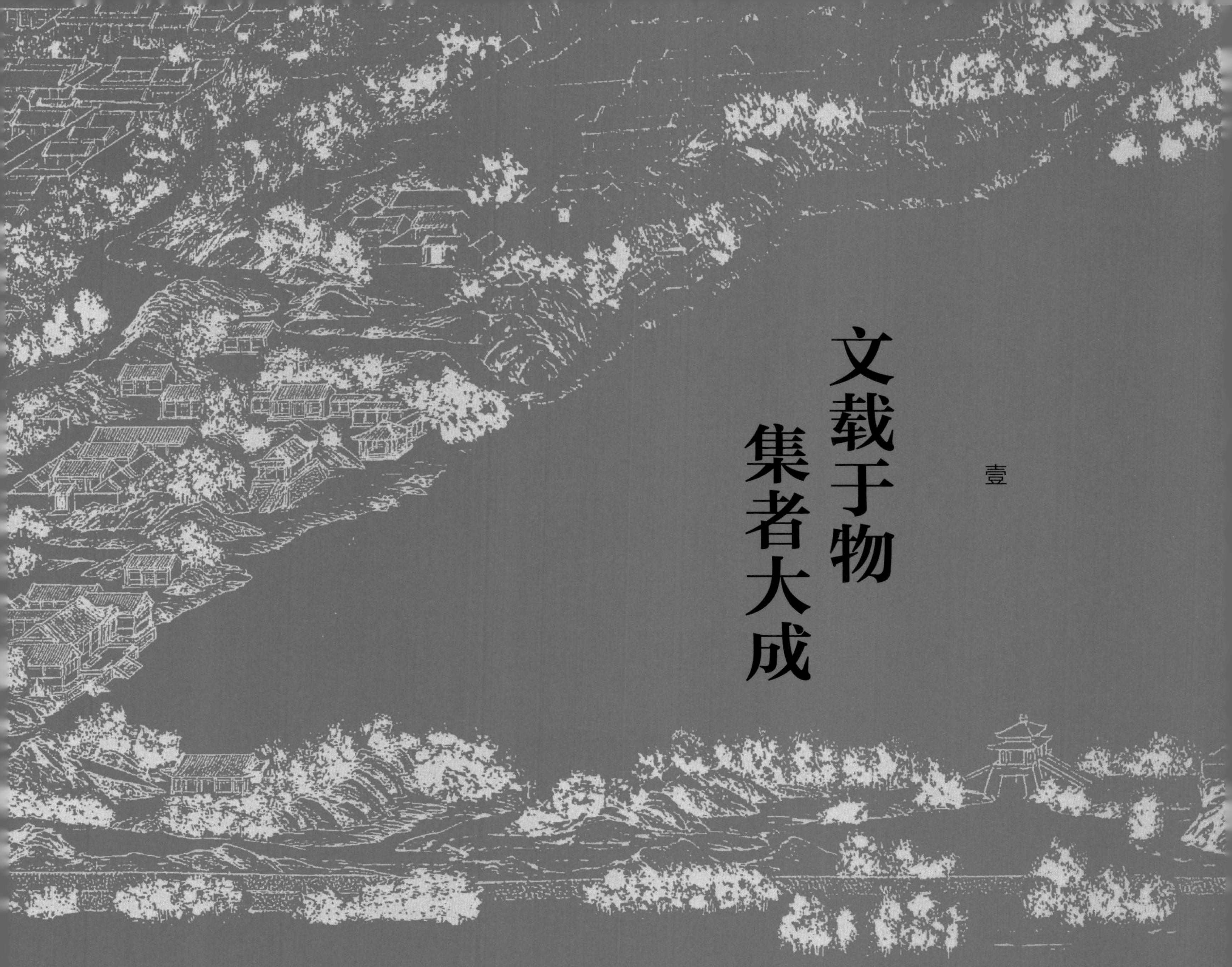

壹

文载于物 集者大成

文物是人类在社会活动中遗留下来的具有历史、艺术、科学价值的遗物，是人类宝贵的历史文化遗产，是承载灿烂文明、传承历史文化、赓续民族血脉的实物见证。作为皇家御园，圆明园内原有大量旧藏，据推测，数量和珍贵程度应和紫禁城相当。这些文物以金属器、玉石器和瓷器为主，其中不乏精品。它们是璀璨夺目的中华文明结晶，曾经无限风光，也经历了沧桑变革。圆明园遗存文物在增强民族自尊心和文化自信心的同时，更能使国人谨记历史，勉励中华儿女实现民族伟大复兴。

第一节

化金为器

金属质地文物在我国有着悠久历史，无论是青铜器抑或金银器，在历史文物中都占有重要位置。随着时代发展，清代宫廷多以前朝收藏为主，兼有仿古器制作，圆明园就曾出土过乾隆年制作的仿古青铜壶。而金银器的制作则更加广泛，因其硬度适中、延展性好、易成形、色泽亮丽，成为制作工艺品的良好材料。宫廷金银器制作手法复杂、多变，用料上乘且多镶嵌宝石等装饰，造型别致，纹饰精美，极富特色，具有较高的历史价值和艺术价值。

虎鋬

西周（前1046～前771年）
通高26、口径12.6厘米
现藏中国国家博物馆

＊ 青铜虎鋬原为清宫皇室旧藏，1860年被英国军官哈利·埃文斯从圆明园劫掠后，由其家族收藏。2018年3月，虎鋬将在英国进行拍卖的消息引发关注，国家文物局迅速展开行动。经过多方努力，虎鋬买家将其无偿捐赠给中国政府。

＊ 鋬属水器，大约流行于西周中期至晚期，是主要用于祭祀、宴飨等仪式中『沃盥礼』的水器。虎鋬以流口处所装饰的虎形纹饰而得名，其器盖上饰有半龙半虎造型，盖内铸有铭文『自作供鋬』。该器物器身宽矮，短束颈，宽折肩。肩的一侧为引流管，另一侧为鋬。收腹，圜底下方有三条足。虎鋬铭文清晰，造型、纹饰独具匠心，为后人研究西周时期的历史、艺术和文化提供了依据。

铜鎏金珐琅香筒

清代（1644 ~ 1911 年）
通高 25、直径 6 厘米
现藏圆明园管理处

* 香筒，又称香亭，一般是由上部亭式顶、中部香筒和下部基座组成，陈设在皇帝御座周围，兼具装饰性和实用性。
* 此件文物 1985 年出土于圆明园别有洞天遗址，表面镂刻云中翻腾的五爪金龙，若隐若现，极具表现力。因遭到大火焚烧和土埋腐蚀等多重破坏，出土时已面目全非，亭式顶和基座遗失，中部的香筒珐琅彩脱落严重，仅在部分云纹上还残存红色和绿色的珐琅彩。

铜鎏金犀牛

清代（1644～1911年）
长16、高6.7厘米
现藏圆明园管理处

＊ 犀牛曾广泛分布在中国境内，犀角被制作成饮酒器，犀革则用来制造战甲。至清代，犀牛尚出现在云南地区。此物于20世纪80年代由骆子友捐赠。

＊ 此犀牛垂首伫立，四腿短粗，肌肉饱满，体型健硕，皮厚而多皱。双目圆睁，双耳后竖，嘴大张，身体前倾，呈进攻状。整体造型生机勃勃，孔武有力。不同于其他造型犀牛，除鼻梁有犀角外，头顶亦有两角。由于腐蚀较为严重，大部分鎏金脱落，只残存少量装饰花纹。

铜树叶

清代（1644～1911年）
长11～13厘米、宽2.5～3.5厘米
现藏圆明园管理处

＊ 该组铜树叶共计十三片，1992年出土于圆明园谐奇趣遗址。铜树叶制作逼真，叶片、叶脉刻画精致，大小、造型略有区别，推测应为庭院装饰物部件。

铜鎏金金刚造像

清代（1644 ~ 1911 年）
通高 31.5、宽 10.7 厘米
现藏圆明园管理处

* 此尊金刚是胜乐金刚四面十二臂造像，1992 年出土于圆明园海岳开襟。其头戴五颅冠，身着天衣，以虎皮为裙，颈部挂着用人头和人头骨串成的念珠。十二只手臂代表十二真理，主臂二手，左持铃，右持杵。明妃盘绕于主尊腰间，双手分别持法器。主尊其余手臂伸向两侧，各持象皮、嘎巴拉碗、斧、钺刀、三股戟、金刚索及人头骨等物，部分手持物出土时已佚。右腿伸直，足踏大自在天神；左腿微屈，脚踩大自在天妃。底座为束腰仰覆莲座，中部饰仰覆莲瓣一周，莲瓣饱满规整。造像神态生动，铸造工艺精湛，堪称佳作。

铜壶

清代（1644～1911年）
通高44、腹径25厘米
现藏圆明园管理处

* 2004年出土于圆明园坦坦荡荡遗址，同一批次共三件。壶为青铜质地，直口、束颈、溜肩、圆腹、喇叭形高圈足，颈部有两周弦纹，两侧有如意形耳，耳上分别套有铜环。由于器物表面腐蚀严重，未见明显纹饰，圈足处有『大清乾隆年造』款识。器物整体风格古朴素雅，体量较大，推测应为陈设器。

鎏金象首

清代（1644～1911 年）

长 53、高 13 厘米

现藏圆明园管理处

* 2014 年出土于圆明园大宫门御河遗址。其造型精巧，线条流畅，整体制作工艺考究。大象在中国传统文化中被视为高贵吉祥的象征。据推测，其应是某种器物的附属物，如鼎或香炉的一部分，为宫廷日常陈设器。

第二节

天精地华

在我国，由最初欣赏玉石器的天然之美，发展为以玉比德、以玉修身，后逐渐成为封建社会等级的象征。作为国家的最高统治者，帝王对美玉的追求更加执着。明清两朝是玉器文化发展的鼎盛时期，宫廷内设有玉作，所制器物专供皇室使用。当时，其工匠和玉料都由各地征调而来，代表了当时全国玉石制作的最高水平。圆明园作为清帝御园，此时期陈设、收藏有大量精美的玉石器。

青玉老人山子

明晚期（约1573～1644年）
长19、高14厘米
现藏圆明园管理处

* 玉山子即圆雕的山林景观，多琢刻成山形，因此称为『山子』。此件器物1985年出土于圆明园别有洞天遗址，质地为青玉。其采用立体圆雕的技法，以写意的手法表现出嶙峋的奇石。两位长髯的老者并排端坐在山中，面带微笑，神态和蔼，宛如两位隐士在山林中静坐休憩，吟诗作赋。人物神态生动，须发、衣纹雕刻得清晰流畅。此山子原应有底座，出土时已佚。

青玉太狮少狮

明代（1368～1644年）
长33、高20厘米
现藏首都博物馆

* 1956年发现于绮春园凤麟洲南湖稻田，后入藏首都博物馆。青玉质地，玉色清白。造型为大小双狮。大狮子俯卧于地，头向右侧，张口露齿，憨态可掬。小狮子卧于大狮左前，仰头向上，双爪搭在大狮前爪，营造出温馨的母子相守氛围。

玉马

清代（1644～1911年）
残长22、高13厘米
现藏圆明园管理处

＊ 2001年出土于长春园含经堂遗址。青玉质地，圆雕，头、四肢及尾均残。长鬃侧垂，鞍辔完整，残肢呈屈伏状。从鬃毛的形态分析，应为一卧马。

『华甲联芳』玉扳指

清代（1644 ~ 1911 年）

高 3、直径 3 厘米

现藏圆明园管理处

* 2003 年出土于圆明园坦坦荡荡遗址，质地为新疆和田白玉，玉色通透，质地温润。满族原是尚武的游牧民族，在戎马生涯中形成了自己的生活习惯，即使进入中原后，仍不忘记祖先的骑射传统。扳指作为拉弓射箭的器具，上至清代皇帝下至普通旗人经常佩戴。从尺寸推断，此物为女性佩戴。其上用阴线描绘了一丛荷花，并刻篆文『华甲联芳』四字，有祝愿长寿之意。

青玉山子

清代（1644 ~ 1911 年）
长 31、高 26 厘米
现藏首都博物馆

* 1963 年发现于圆明园遗址，后入藏首都博物馆。其为青玉质地，整玉雕刻，采用中国传统绘画中的远山近景技法，表现行走在陡峭山崖间的老少三人，人物姿态生动。四周刻出山石、流水、松柏等自然风光。

白玉三羊

清代（1644 ~ 1911 年）
现藏首都博物馆

* 白玉质地，玉色洁白，质地温润。山羊口衔灵芝卧伏于地，回首向后，两只小羊趴伏其上。一只小羊前肢踏地，呈跃起状。此物寓意『三阳开泰』。

第三节

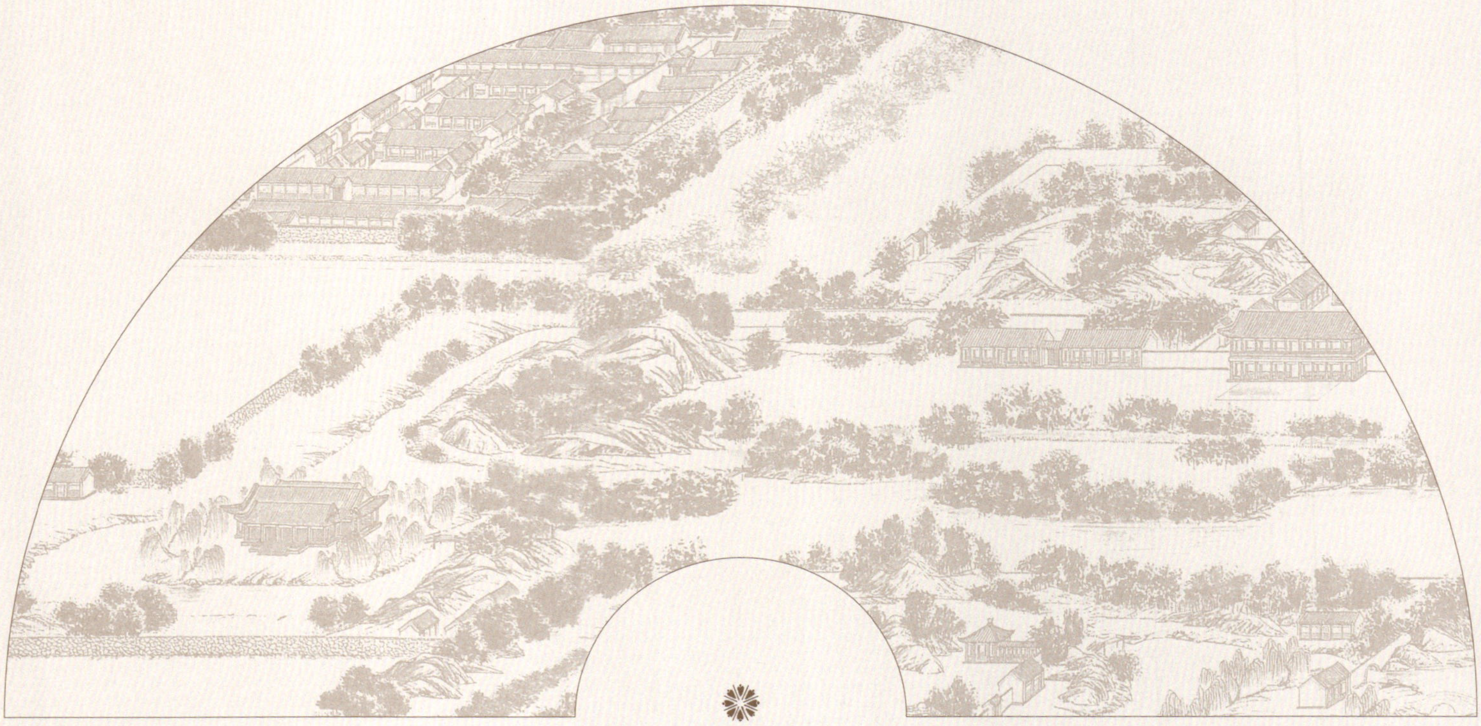

塑形绘影

自商代出现原始青瓷后，我国制瓷工艺不断发展。至宋代，五大名窑产生，制瓷业迎来第一个高峰。自明代始，苏料进入中国并成功运用到瓷器制作当中，青花瓷出现。在康乾盛世的时代背景下，清代工匠们经过总结与创造，使瓷器在胎、釉、彩、绘等方面达到完美融合，这使得明清时期瓷器制造业接连迎来两个高峰。此时，景德镇御窑厂垄断宫廷用瓷制造，各式按照皇帝旨意烧造的瓷器不断进入京城的皇宫御苑。

仿哥窑棋子

清代（1644～1911年）
直径5.5、厚2.5厘米
现藏圆明园管理处

* 此物出土于圆明园九州清晏如意桥，胎质粗糙、厚实，呈铁黑色。釉层为乳浊釉，呈灰青色。釉面满布黄褐色开片，具有明显的哥窑特色。棋子正中阴刻有一『兵』字，施红彩，有脱落。

康熙红釉大碗（修复）

清代（1644～1911年）

高10、口径22.5厘米

现藏圆明园管理处

* 此碗残件出土于圆明园曲院风荷遗址，后经修复。其广口圈足，弧壁，器形较大。内施白釉，外施红釉，外底有青花楷体『大清康熙年制』六字双圈款。

康熙釉里红二龙戏珠纹碗（修复）

清代（1644～1911年）
高6、口径10.9厘米
现藏圆明园管理处

* 此碗残件出土于圆明园曲院风荷遗址，后经修复。广口圈足，弧壁，内外施白釉，碗外壁饰釉里红绘制的二龙戏珠纹，碗底饰飞龙祥云纹。外底有青花楷体『大清康熙年制』六字双圈款。

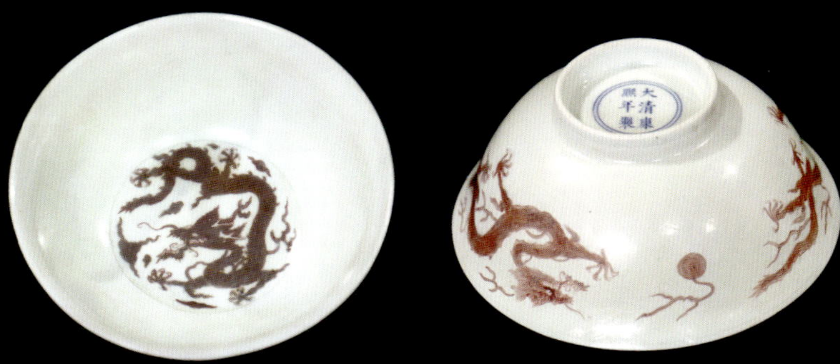

康熙青花龙纹碗（修复）

清代（1644 ~ 1911 年）
高 7.6、口径 15.7 厘米
现藏圆明园管理处

＊ 此碗残件出土于圆明园曲院风荷遗址，后经修复。广口圈足，弧壁。整体施以白釉，外壁为青花绘制的二龙戏珠纹饰，外底有青花楷体『大清康熙年制』六字双圈款。

大清康熙年製

乾隆梵文青花高足碗（修复）

清代（1644～1911年）
高13.2、口径14.8厘米
现藏圆明园管理处

＊ 此碗残片出土于圆明园遗址，后经修复。广口高足，内外皆以青花为饰，碗内底绘宝相花，外壁绘缠枝莲纹托梵文，足上绘如意璎珞纹，足内沿有『大清乾隆年制』六字篆书款。其造型别致，是清代官窑瓷器传统品种。

青花八宝纹瓷砖（修复）

清代（1644～1911年）
边长25.5、厚4.5厘米
现藏圆明园管理处

＊ 瓷砖残件1992年出土于长春园思永斋遗址，后经修复。瓷砖器形方正，上有青花绘制的万福如意八吉祥纹样，四周分饰宝瓶、宝盖、双鱼、莲花、宝螺、吉祥结、宝幢、法轮，中央饰如意纹一周，内饰『卐』字纹。瓷砖内部中空，出土时存有沙土，推测为保温、防潮之用。

青花缠枝莲纹瓷绣墩（修复）

清代（1644 ~ 1911 年）
高 46、直径 40 厘米
现藏圆明园管理处

* 绣墩残件出土于圆明园坦坦荡荡遗址，后经修复。绣墩器形精巧，鼓式，中空，面微凸，通体饰青花纹饰。上下腰部各饰有鼓钉一周，两端有镂空钱纹，主体满饰青花缠枝莲纹样。

海晏河清尊

清代（1644～1911年）

高31.3、口径25.1厘米

现藏中国国家博物馆

＊ 此尊为清乾隆时期景德镇御窑特制，以供圆明园内海晏堂陈设。尊直口、卷唇、短颈、鼓腹、圈足。外壁施霁青釉，上以金彩绘芭蕉叶、如意、缠枝牡丹等纹饰，底部一周饰粉彩凸雕莲瓣纹，颈肩部堆贴对称白釉海燕形耳，通过纹饰、谐音等共同组成『海晏河清』一词。整体造型端庄沉静，色彩典雅华贵，制作工艺集雕、贴、压各种装饰手法。

＊ 海晏河清尊原陈设于海晏堂内，侥幸逃过英法联军一役的破坏与掠夺。

粉彩镂空花果纹六方套瓶

清代（1644～1911年）
高40.6、口径11.4厘米
现藏首都博物馆

＊ 乾隆朝粉彩瓷以繁缛华丽、工艺精致著称于世。乾隆八年（1743年），御窑厂督陶官唐英和其助手研制成夹层玲珑瓶九种，呈献给乾隆皇帝。此套瓶就是其中的一种。这件套瓶内为青花瓶，外为粉彩，腹部雕刻六组镂空花果纹。套瓶成型工艺非常繁复，需要多次上釉，多次入窑烧制，成功烧成一件套瓶极为不易。

第四节

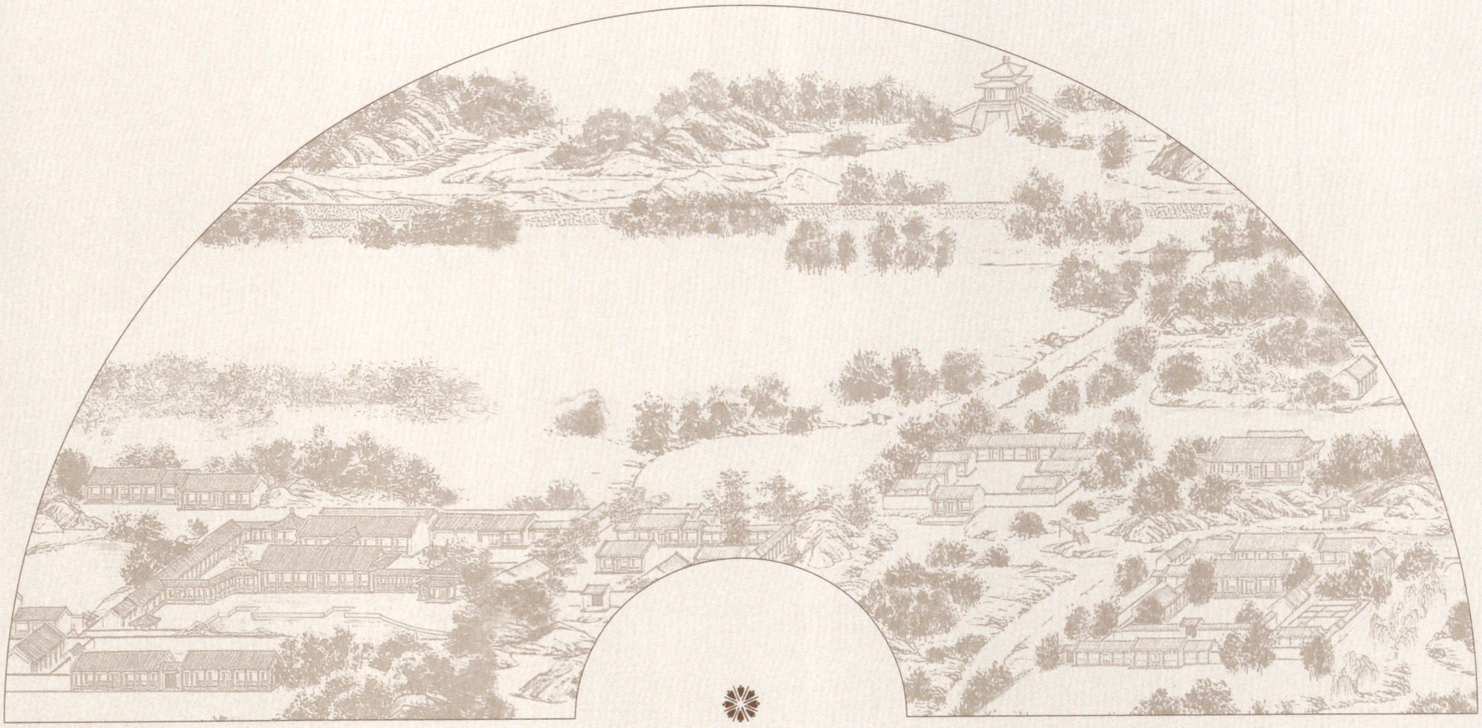

笔墨丹青

清代是我国封建社会发展的顶峰，在政治、经济、文化、艺术等方面都达到了空前繁荣。内务府汇集了历代书法、绘画作品，作为皇帝的私人收藏。此时期，圆明园内也藏有大量书画名品、历朝皇帝的御笔字画及画师创作的宫廷绘画。这些作品中，有不少稀世珍品，或为流传于世的孤本真迹，或为大师巨擘的铭心绝品，精华荟萃，蔚为大观。在这里，笔墨丹青凝于绢纸上，落在山石间，展现了中华文明的精髓与内涵。

乾隆《钦定重刻淳化阁帖》石刻拓本

清代（1644～1911年）

纵长35、横宽100厘米

现藏圆明园管理处

＊ 此件石刻1994年出土于长春园含经堂遗址西侧河道中。《淳化阁帖》是我国一部较早汇集各家书法墨迹的法帖，初成于北宋淳化年，后代多次翻刻。此为乾隆年间翻刻。乾隆皇帝将重刻版镌刻于青白石上，安置于淳化轩回廊中。现存石刻包括王羲之、米芾等人作品。

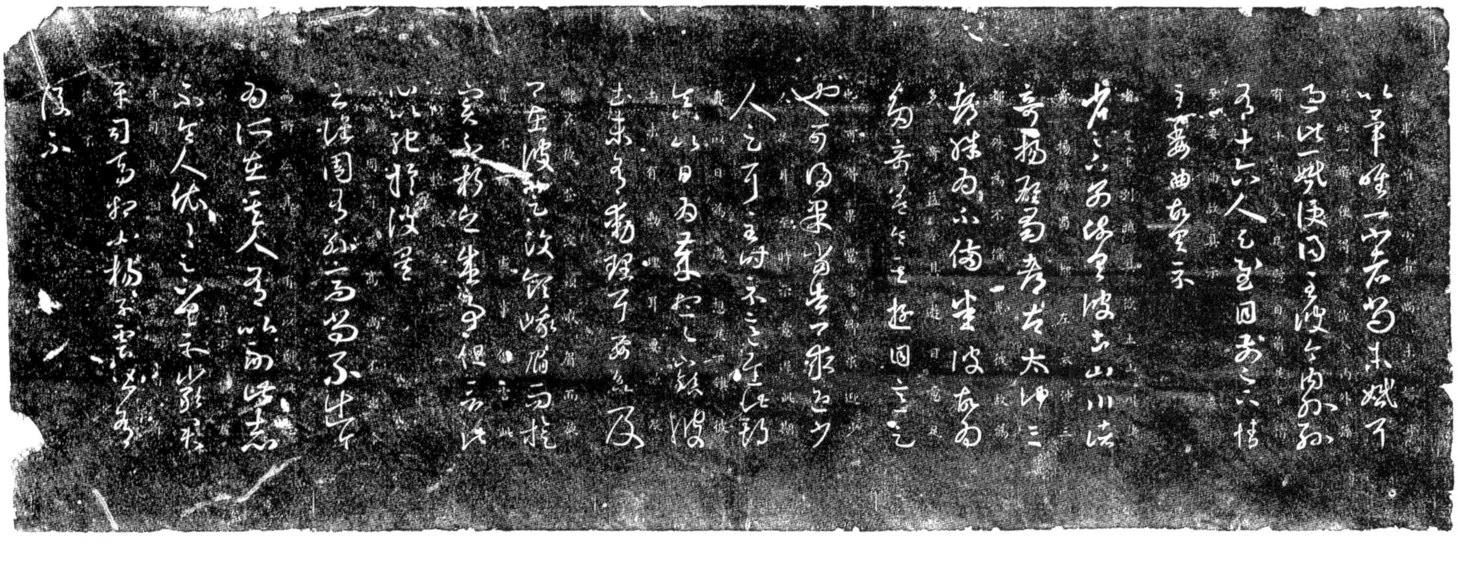

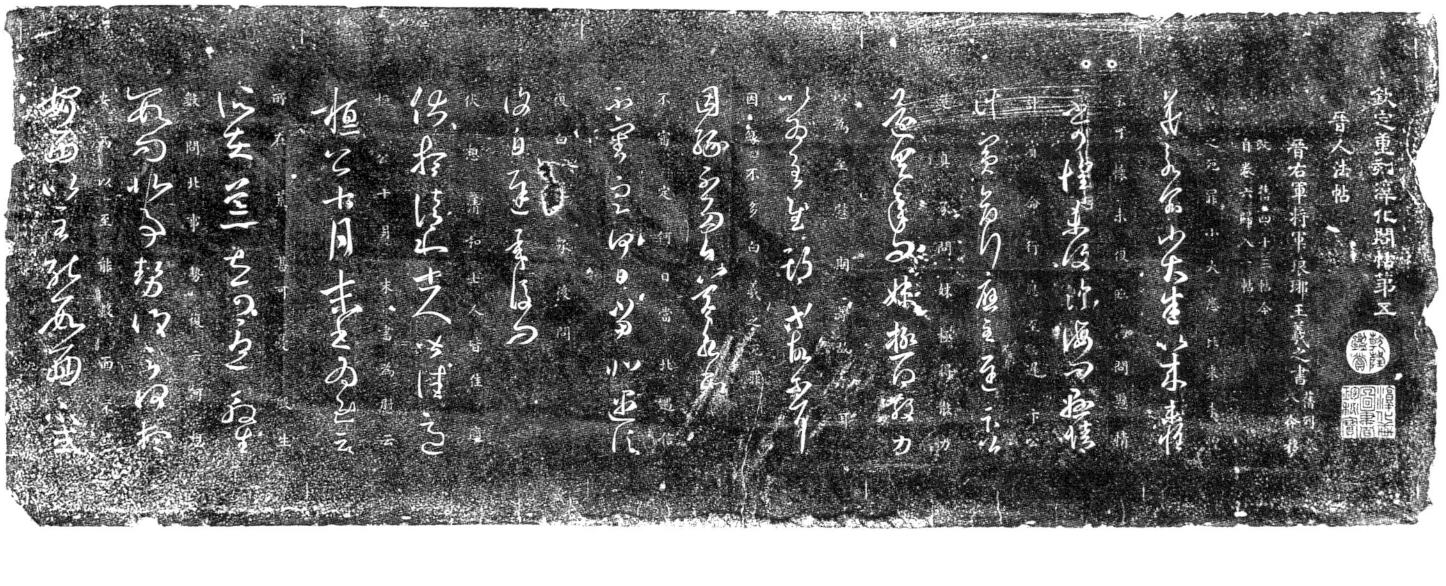

乾隆御笔『狮子林』石刻拓本

清代（1644～1911年）

现藏圆明园管理处

* 狮子林是长春园东北部的一座园中园，仿苏州狮子林而建。狮子林遗址在清理时发现，后恢复了水门、虹桥、水关三座遗址，出土了大量乾隆御笔石刻。据记载，此件『狮子林』石刻原位于狮子林水关南岸，汉白玉质地，上有乾隆皇帝御笔『狮子林』三字，钤有『乾隆御笔』印章。御笔字体挺拔，用笔圆转流畅。

嘉庆御笔《称松岩》石刻拓本

清代（1644 ~ 1911 年）

纵长 150、横宽 40 厘米

现藏圆明园管理处

* 嘉庆皇帝御笔《称松岩》诗石刻原位于长春园如园内。称松岩为嘉庆时期『如园十景』之一，另两块《镜香池》和《披青磴》石刻也在 2017 年考古发掘中出土。嘉庆皇帝御笔《称松岩》诗，诗云：『数仞苍岩百尺松，清贞不改后凋容，天涛谡谡延虚籁，摇漾檐前盖影重。』落款处钤有嘉庆皇帝两方印章。
* 《称松岩》石刻曾存放于北京翠花胡同，2019 年 4 月，中国民主同盟中央委员会与北京市海淀区圆明园管理处正式签署文物捐赠协议。

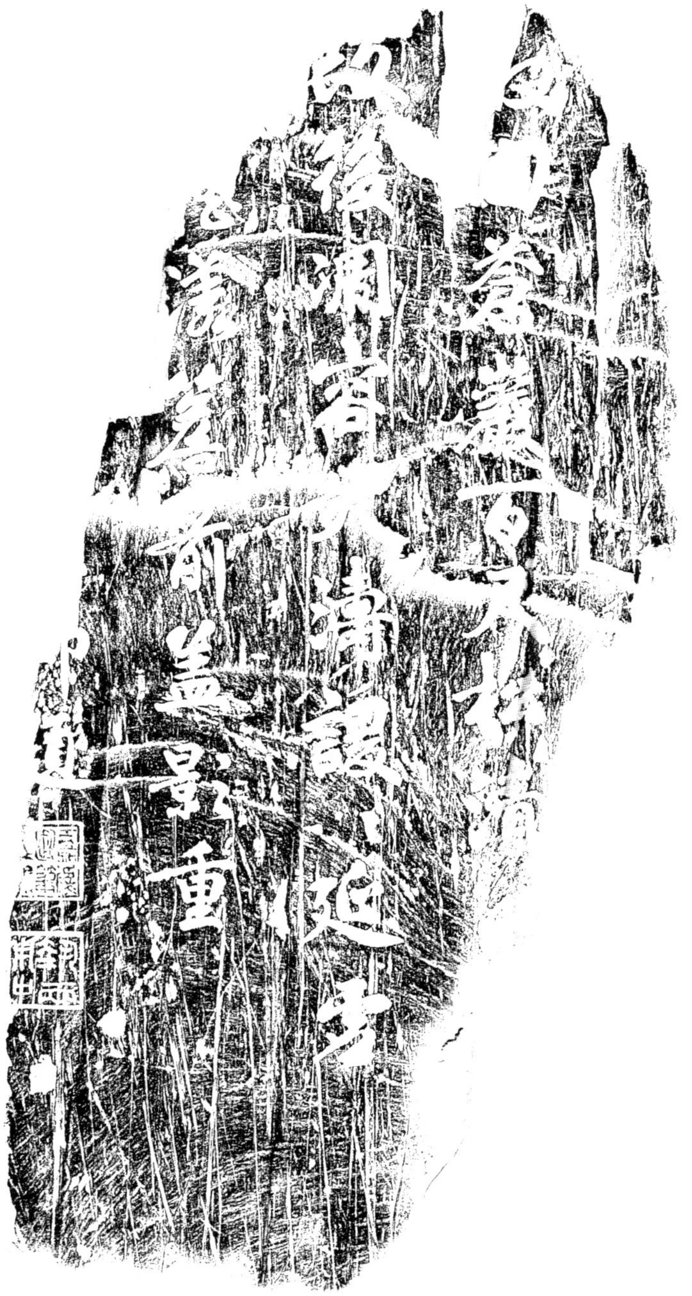

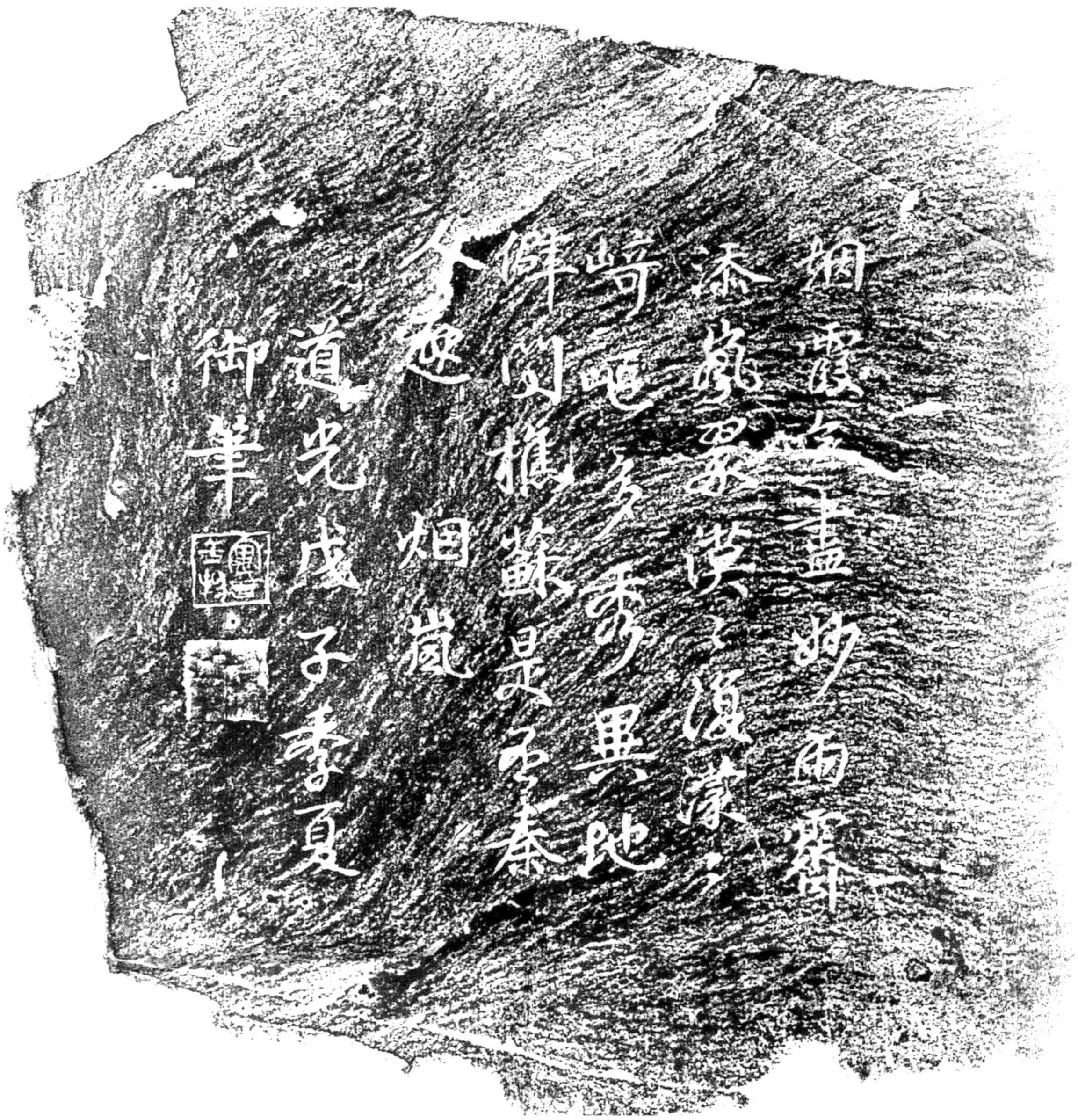

道光御笔《烟岚》诗石刻拓本

清代（1644～1911年）

现藏圆明园管理处

* 长春园狮子林一景仿苏州名园而建，建于乾隆时期，道光八年（1828年）进行了局部添建、改建，并命名新『狮子林十六景』，烟岚即为其中一景。

* 此件石刻顶端平面刻有道光御笔《烟岚》诗。诗曰：

* 烟霞无尽妙，雨霁添岚翠。

* 漠漠复濛濛，崎岖多秀异。

* 地僻问樵苏，是否秦人避。

* 烟岚　道光戊子季夏御笔

* 长春园狮子林曾以湖石、石刻著名，但经多次劫难多已散失。此件石刻现为园内仅存的两件道光御笔之一，出土时保存较为完好，字迹清晰可见。

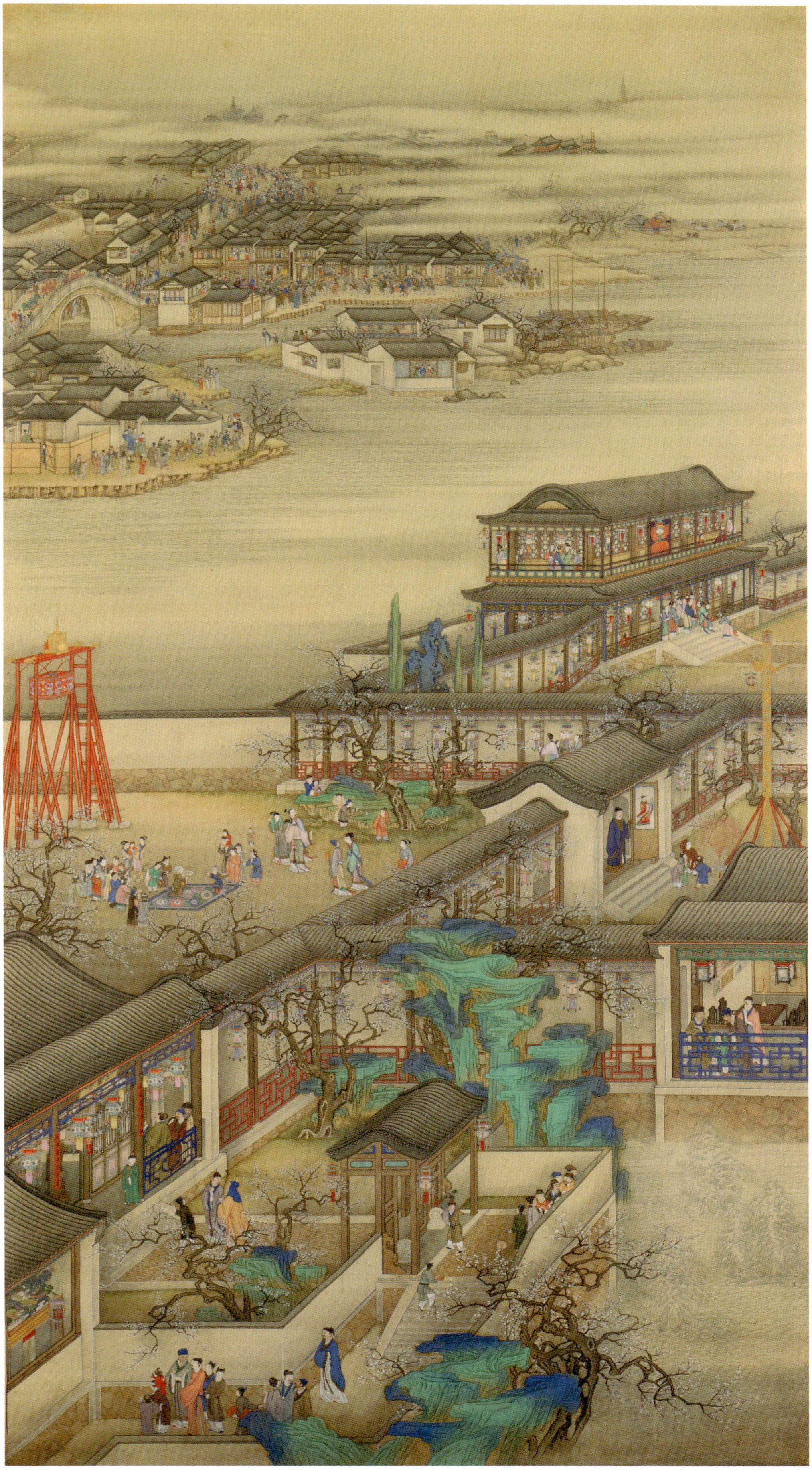

《雍正十二月行乐图》

清代（1644 ~ 1911 年）
纵长 188.2、横宽 102.2 厘米
现藏故宫博物院

＊ 这是一组表现雍正皇帝日常生活的作品，按春、夏、秋、冬四季十二个月的顺序排列，分别为『正月观灯』『二月踏青』『三月赏桃』『四月流觞』『五月竞舟』『六月纳凉』『七月乞巧』『八月赏月』『九月赏菊』『十月画像』『冬月参禅』和『腊月赏雪』。画面以山水楼阁为主，建筑描绘细致，其中既有中式园林建筑，又有西式亭台楼阁，亦有中西合璧者。画面的景观可能是画家以圆明园的建筑结合自己的想象而创作的。圆明园是雍正作皇子时的赐园，雍正三年（1725年）修葺一新之后，雍正皇帝经常在园中居住，并在此办理公务，明谕百官『每日办理政事与宫中无异』。这十二幅行乐图展现了其在圆明园生活的各个场景，也表现了十二个月的不同节令风俗。

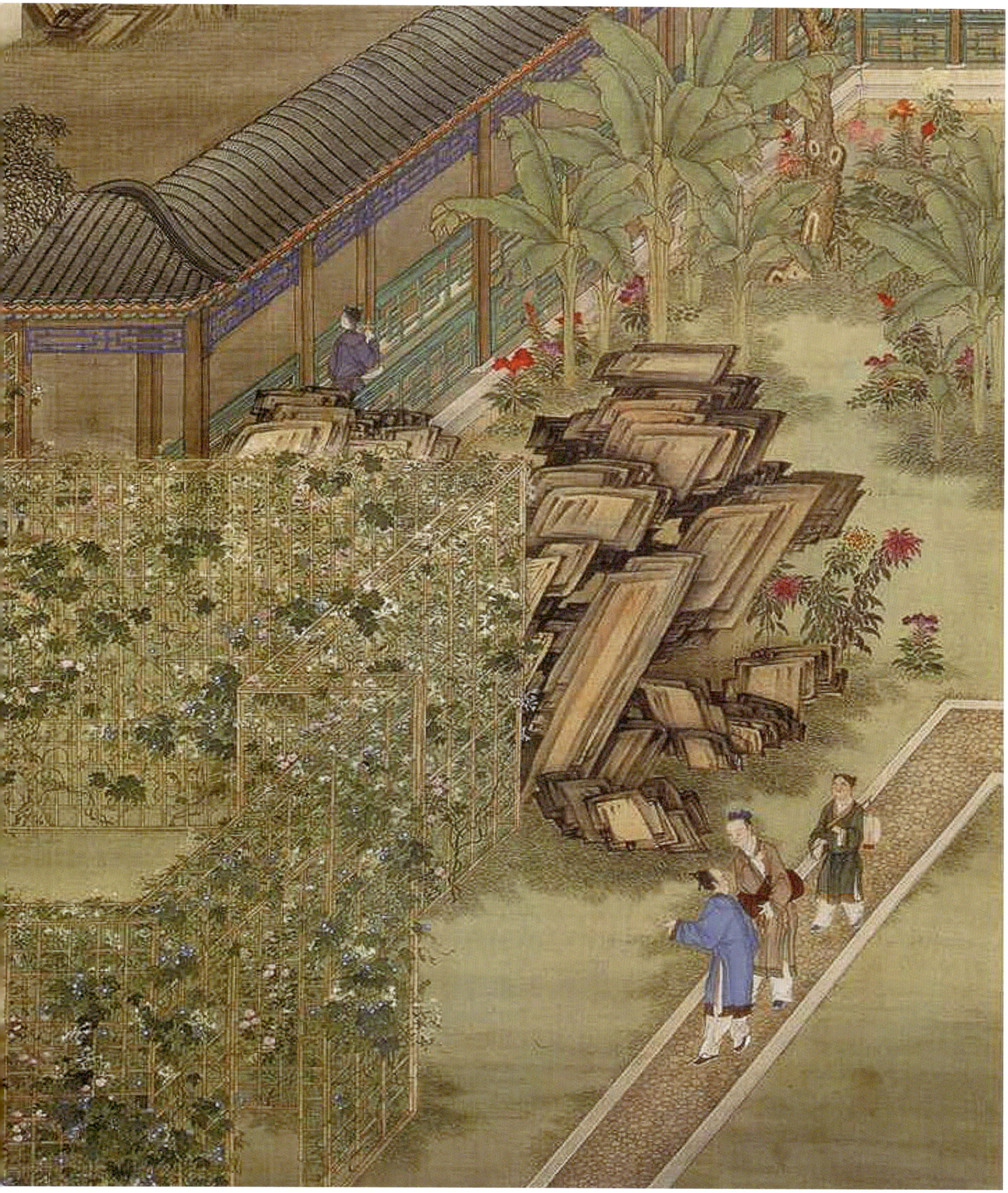

《乾隆帝雪景行乐图》

清代（1644～1911年）

纵长468、横宽378厘米

现藏故宫博物院

* 此幅行乐图原画无题，无年月标识，无画家题款。画面上方有于敏中所书的一首乾隆皇帝御制诗，落款『御制御园雪景一律，臣于敏中奉敕敬书』。此诗收录于《高宗御制诗四集》，题为《御园雪景》，作于乾隆三十七年（1772年）。乾隆皇帝身穿汉族古装，坐于狮子林清閟阁内。阁前水池已经结冰，侍从们正在冰上扫雪，背后是一带远山。画面风格沉郁厚重，格调典雅。此画为画家奉旨所绘，真实反映了狮子林初建时的风貌，表现了其中建筑、假山、水景和花木的具体形貌。

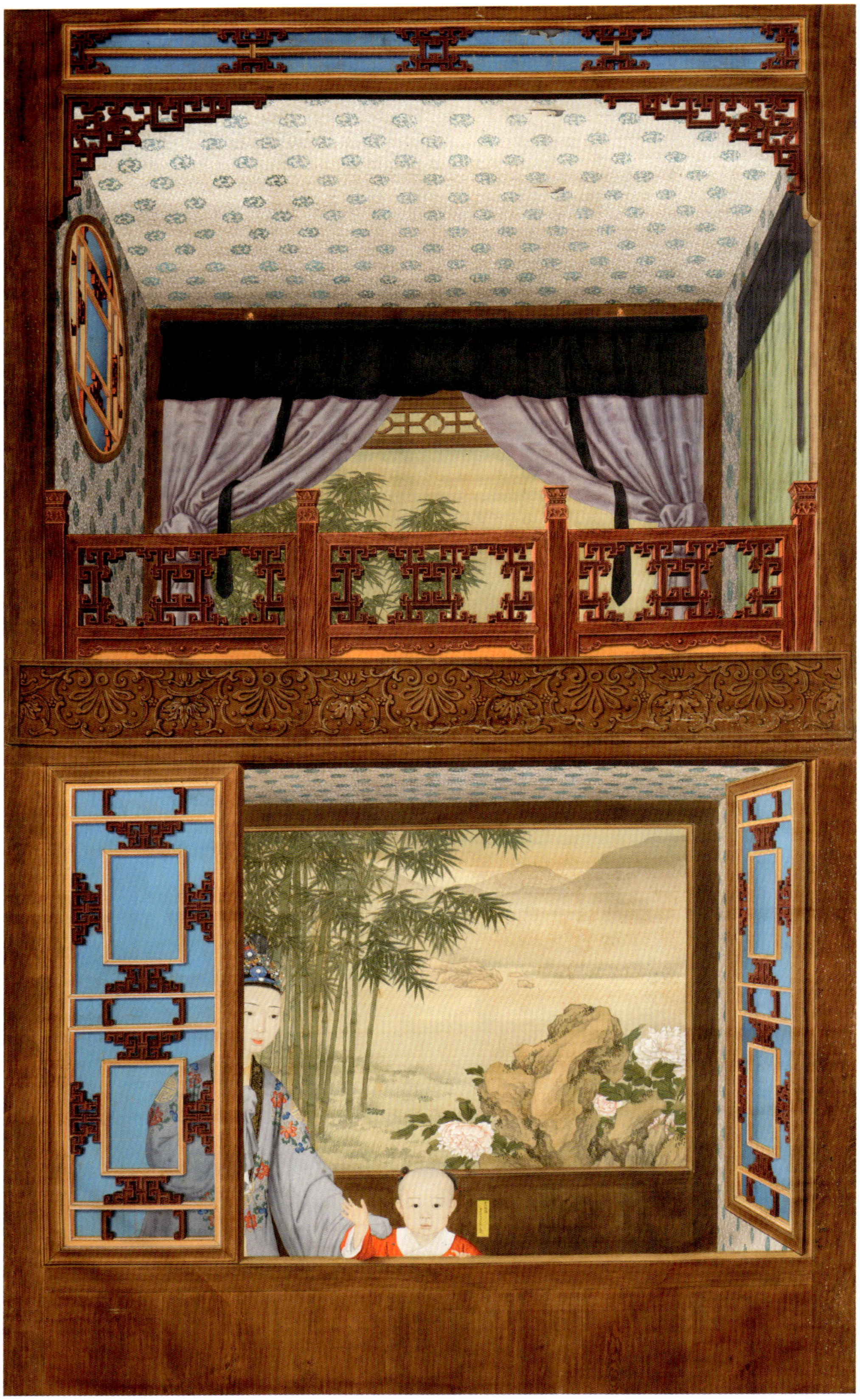

《弘历妃及颙琰孩提时像轴》

清代（1644 ~ 1911 年）
纵长 326.5、横宽 186 厘米
现藏故宫博物院

* 此图是在长春园思永斋内偶然发现的一幅通景画，为典型的清代中期宫廷绘画，富丽华美。所绘场景为楠木装修的室内，一妃嫔与一儿童立于楼下的窗前。根据画上的黄签『今上御容，嘉庆二十年十二月初一日敬识』可知，此图描绘的正是嘉庆皇帝颙琰童年时期，妃子可能是嘉庆的母亲魏佳氏，后尊为孝仪纯皇后，时为令贵妃。画面上的黄签则是在嘉庆皇帝（颙琰）登基后添加的。

《道光帝喜溢秋庭图》

清代（1644～1911年）

纵长181、横宽202.5厘米

现藏故宫博物院

* 画面题『喜溢秋庭』，钤『道光之宝』『慎德堂宝』印。画中描绘的是秋日里道光皇帝携后妃、子女在庭园中赏花嬉戏的情景，展现出和睦美好的家庭生活，推测应为圆明园内场景。在敞厅中安坐的是道光皇帝与皇后，在石阶上玩耍的是皇子与公主，在院中牵手的母子是帝妃与皇子。另外，画中还有一位妃子、一位公主和一个宫女。画中景物近大远小，有西法透视的痕迹，但人物大小则是按身份尊卑绘制，身份高的画得较大，身份低的则画得较小，延续了中国人物画的传统。

* 此画在英法联军火烧圆明园后曾流散至今昌平沙河一带，后被寻回存于景山寿皇殿。1912年后，由古物陈列所收贮，并移至紫禁城内。

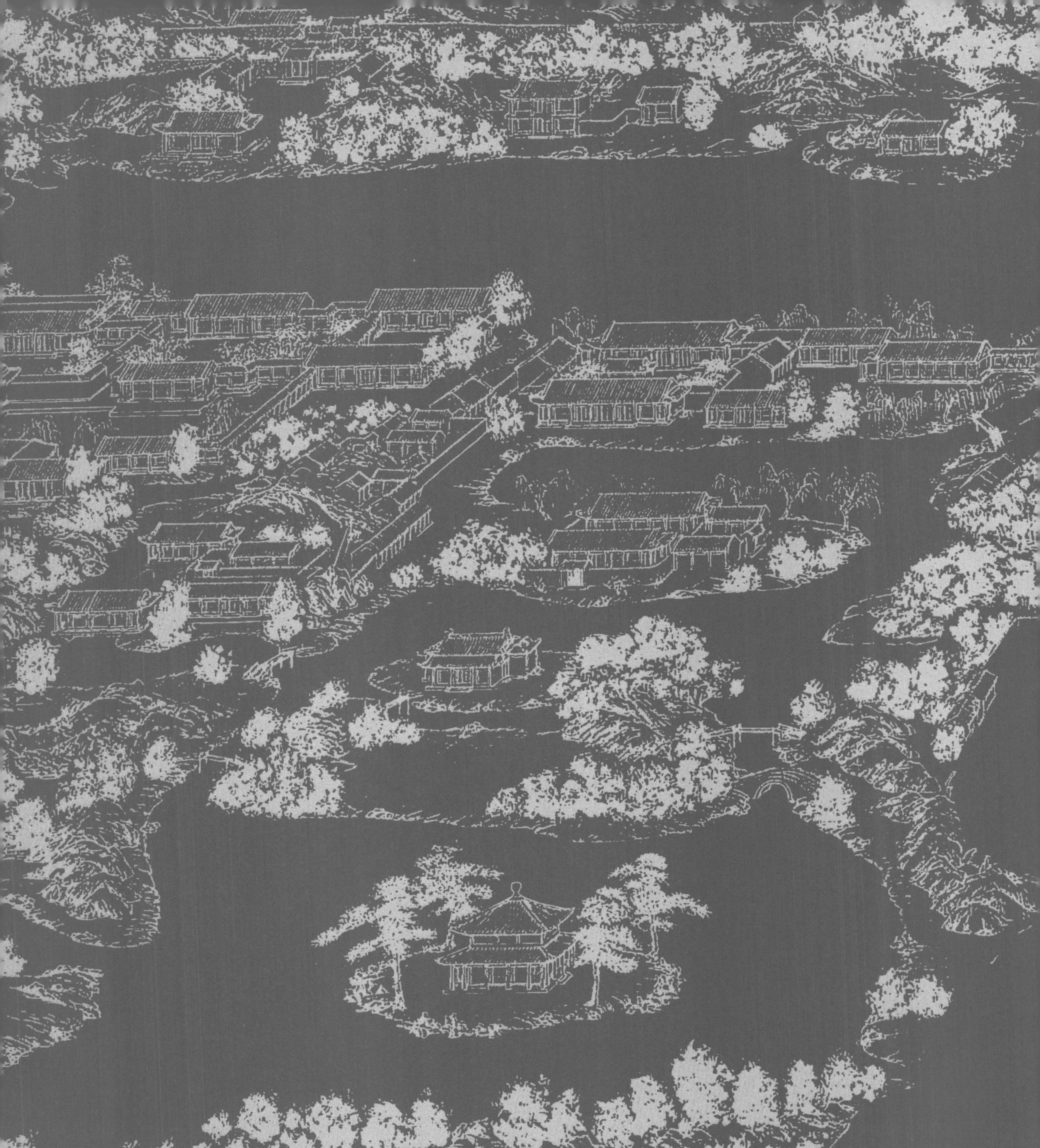

贰

三囿运连 景象万千

昔日御园“规模之宏敞，丘壑之幽深，风土草木之清佳，高楼邃室之具备……实天宝地灵之区，帝王豫游之地”。盛时圆明三园面积广阔，共占地5200余亩，有景点百余处。其间研经史，接儒臣，验农桑，乐蕃植，期万方之宁谧，冀百族之恬熙，形成一座建筑功能完备、形制丰富的皇家御园。这里的建筑，或为单体，或为组合，有的气势恢宏，有的含蓄婉约，复杂多变又充满灵性，平地造园却宛若天成，被誉为“万园之园”。圆明园的山泽林泉、重廊复殿间凝聚着中国园林艺术的精华，映衬出多元一体的中华民族文化性格。历经沧桑的圆明园如今成为遗址公园，园内现存大量建筑遗迹，这些遗迹是反映圆明园历史文化的宝贵遗产，是研究清代园林建筑的珍贵资料。通过宫廷绘画、样式雷图纸、历史影像、复原图片等元素，结合分散在园内的各处遗址，我们得以构建出立体、真实的圆明园。

第一节

万方安和

万方安和，圆明园四十景之一，建于雍正初年，旧称万字房。其位于后湖西侧一个独立的水池中，东邻杏花春馆，西南湖外为山高水长，是一处以“卍”字轩为主体的风景园林，总占地 2.7 万平方米。万方安和建筑造型独特，风景秀丽，四时皆宜居住，雍正皇帝特喜在此园居，乾隆时期仍是游憩寝宫之一。其既反映了皇帝的审美理念，又表达了希望国家各方安宁的统治理想。

1860 年英法联军劫掠、火烧圆明园，万方安和被毁。同治年重修时，因财政枯竭只拆除残垣断壁及清运渣土。2004 年，北京市文物研究所考古队对万方安和遗址进行科学勘察和清理。2016 年，秉承“修旧如旧”“遗址第一”的原则，圆明园管理处完成了对该遗址的清整工作。

“样式雷”是对清代主持皇家建筑设计的雷姓世家的统称。作为我国古代建筑史上的杰出代表，其创作涵盖了都城、宫殿、园林、庙宇、陵寝等皇家建筑。样式雷家族主持清宫样式房事务，自康熙朝以来，共有雷氏家族八代人效力清廷。工匠通过建筑地盘图、立样图、烫样等展现作品的样式和细节，由皇帝亲自审阅后提出意见或批准，再进行修改和施工。目前，在中国国家图书馆和故宫博物院等机构收藏有大量样式雷图以及烫样，这些都直观反映出当时的建筑样式、规格等，是研究我国古代建筑的珍贵资料，更是中国园林、古建筑博大精深的艺术内涵的生动写照。

万方安和建筑烫样

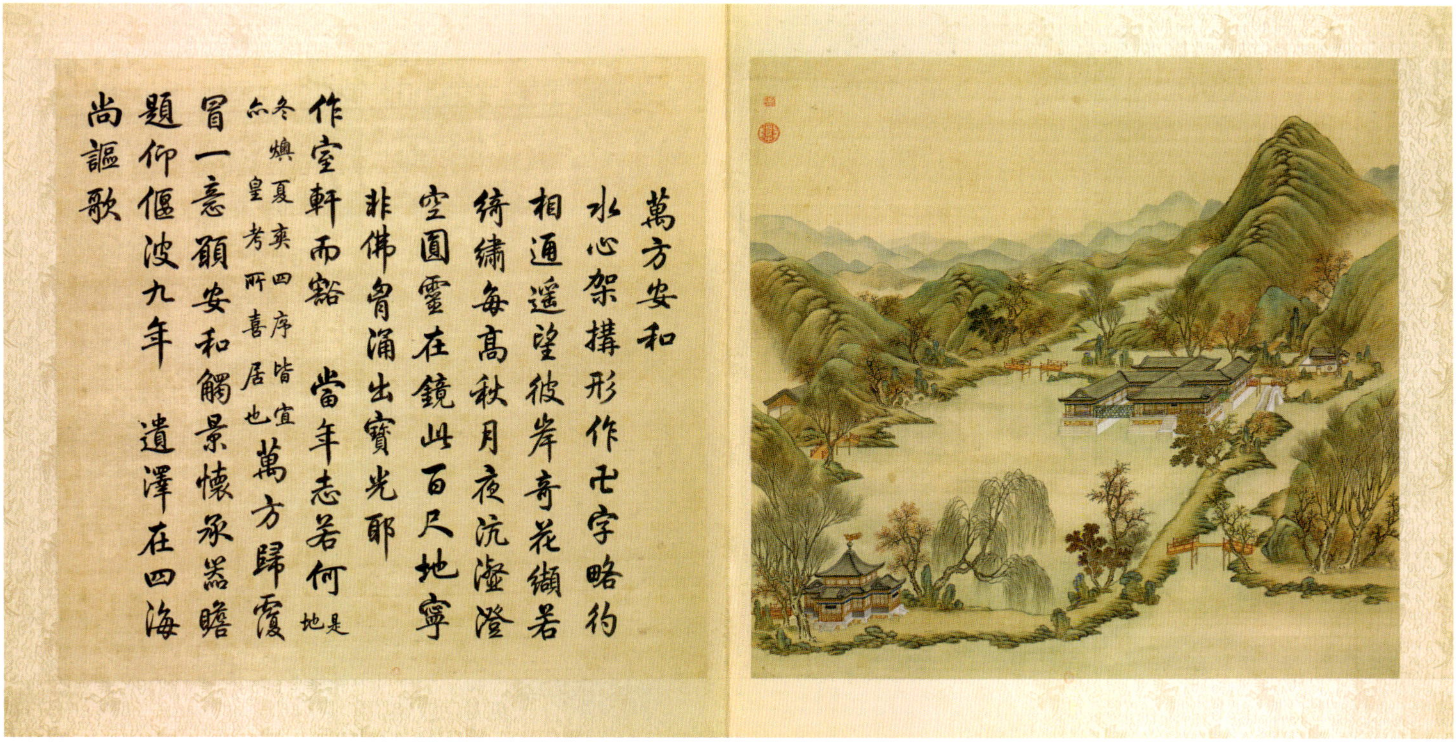

《万方安和四十景图咏》

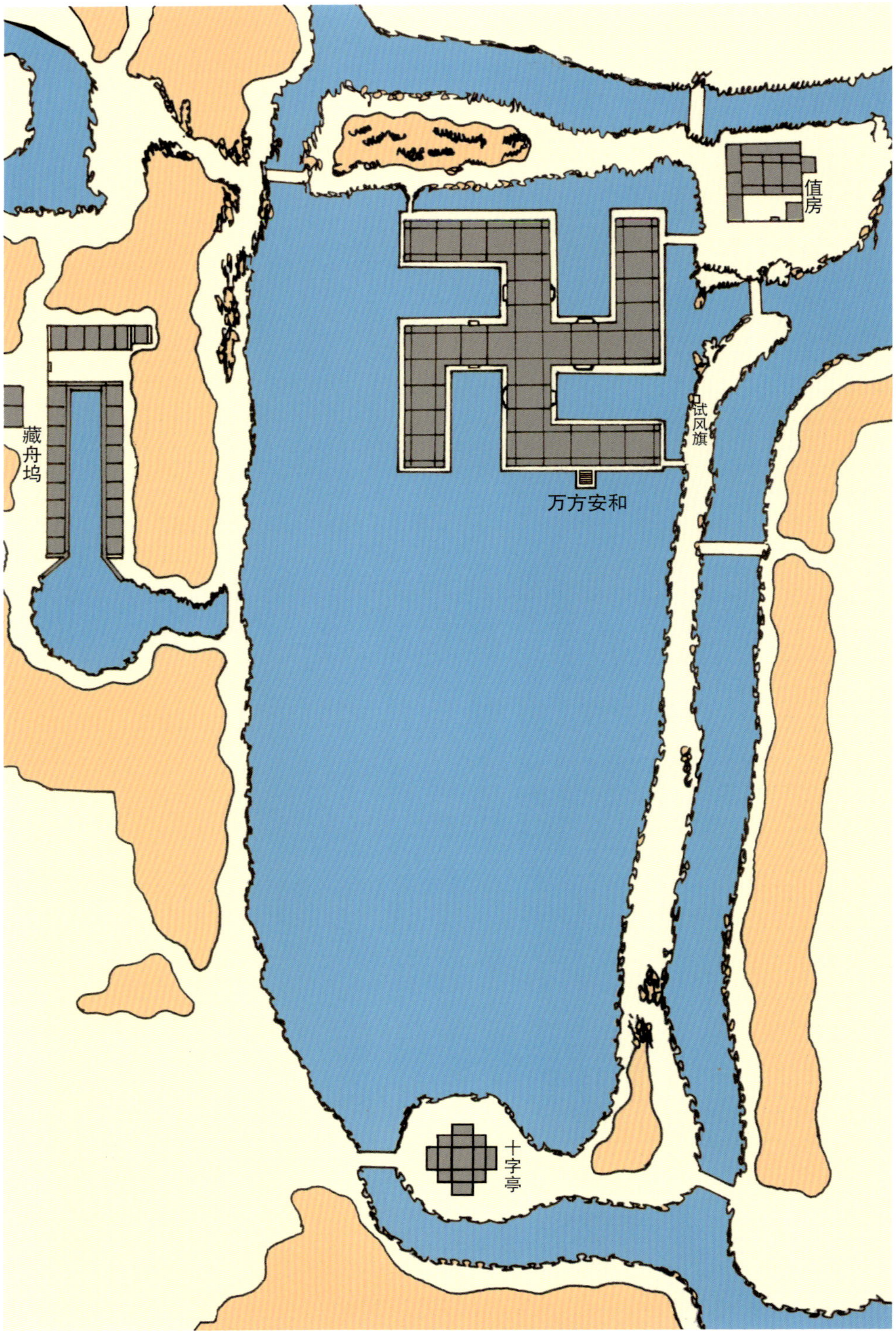

万方安和平面图

万方安和复原图

万方安和遗址早期残迹

拍摄年代不详

整修中的万方安和遗址

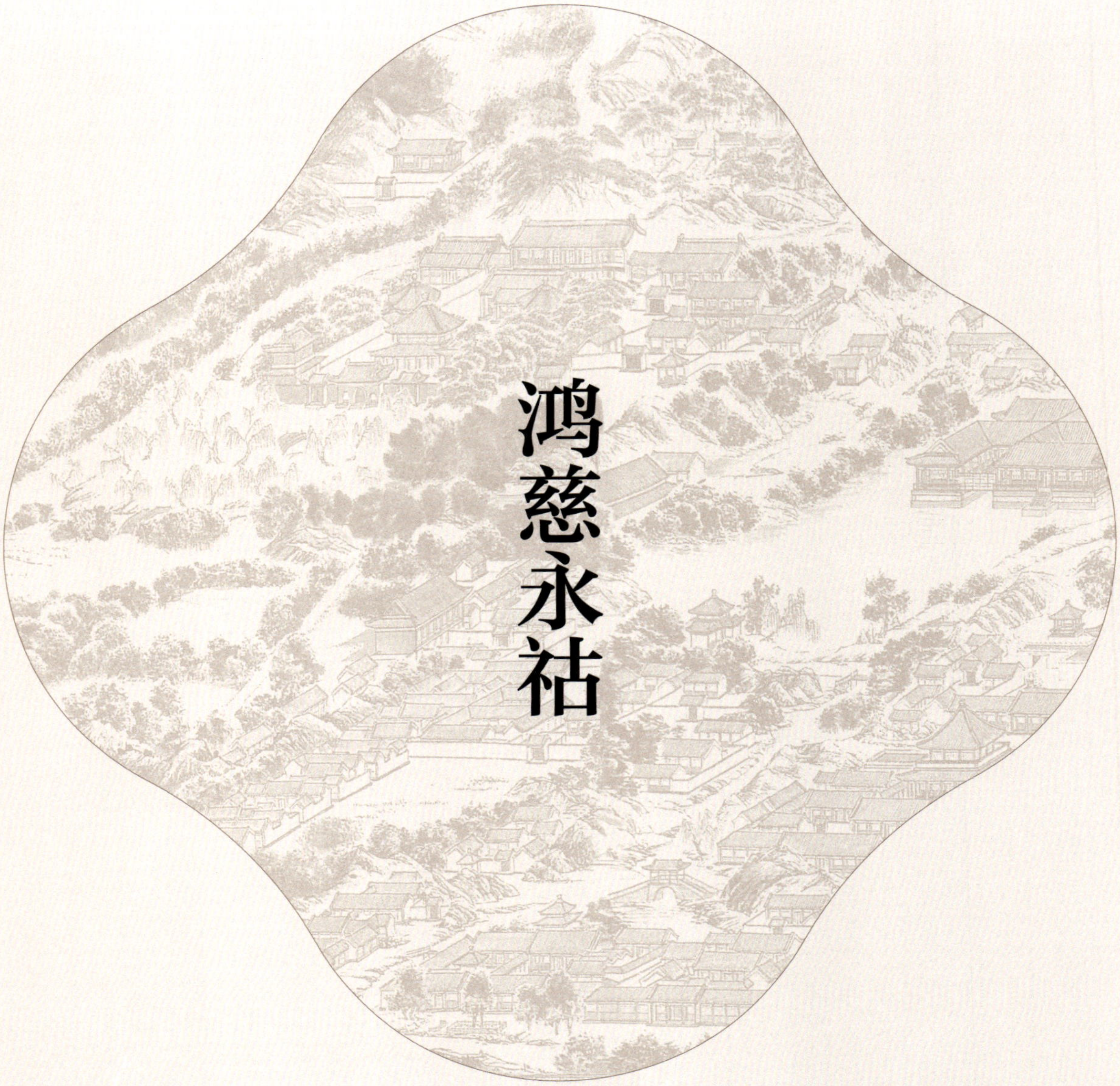

鸿慈永祐

鸿慈永祐，圆明园四十景之一，始建于乾隆五年（1740 年），又称安佑宫。其位于圆明园西北部，依照景山寿皇殿祖庙制度而建，建筑规制则仿照太庙，正殿位于高台处，面阔九间，为清皇室祭祀先祖场所，总占地 2.95 万平方米。鸿慈永祐是一组规制严整的建筑群，前部设牌楼门、华表，经过汉白玉石桥、牌坊、宫门，院落内为正殿、配殿及碑亭。整体风格庄严肃穆，是圆明园内少有的红墙黄瓦建筑。

圆明园被毁后，其仅存内外宫墙和琉璃券门、井亭、焚帛炉、部分耳房、值房及河外魁星楼。同治年重修圆明园时，本景为修缮重点。至次年七月停工时，宫门五间、东西朝房各五间、东北西北两角值房二座等，均已补盖（揭瓦）成型。1900 年皆毁于战乱。

鸿慈永祐的两对华表，分别存于北京大学和国家图书馆文津街分馆。一对石麒麟，今在北京大学西校门内主楼前。两块丹陛石现存于北京大学和颐和园。

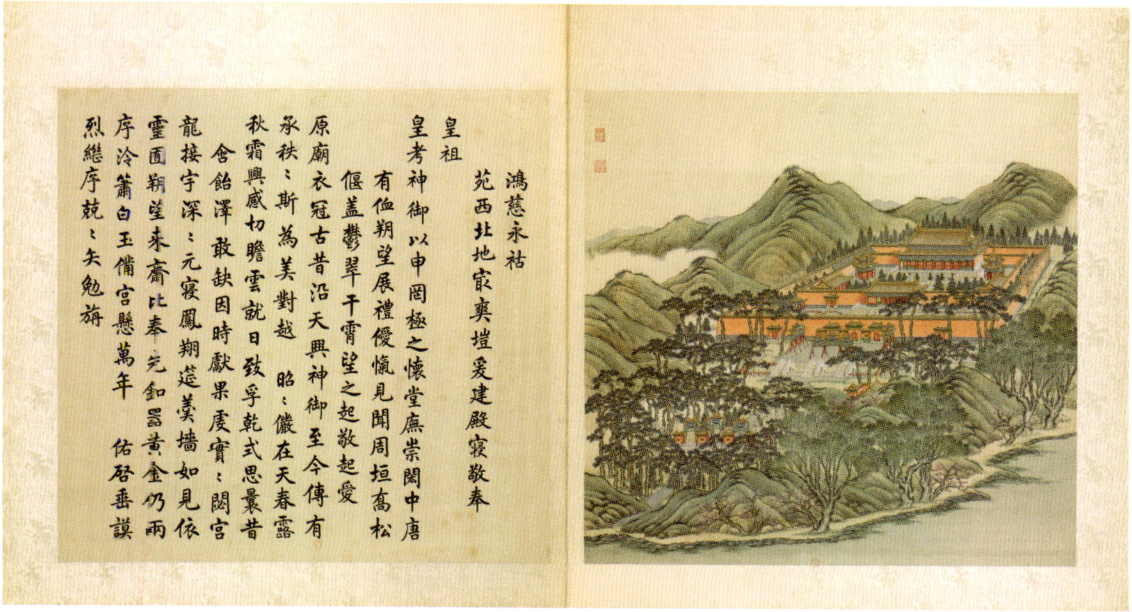

鴻慈永祜
苑西北地宜爽塏爰建殿寢敬奉
皇祖
皇考神御以申罔極之懷堂廡崇閎中唐
有侐翔望展禮僾愾見聞周垣喬松
偃蓋鬱翠干霄望之起敬起愛
原廟衣冠古昔沿天興神御至今傳有
承秩々斯為美對越　昭々儼在天春露
秋霜興感切瞻雲就日致孚乾式思纍昔
舍飴澤敢缺因時獻果虔實々閟宮
龍接宇深々元寢鳳翔莚羹墻如見依
靈囿翔望來齋比奉先釦罍黃金仍兩
序泠簫白玉備宮懸萬年　佑啓垂謨
烈繼序兢々矢勉旃

《鸿慈永祜四十景图咏》

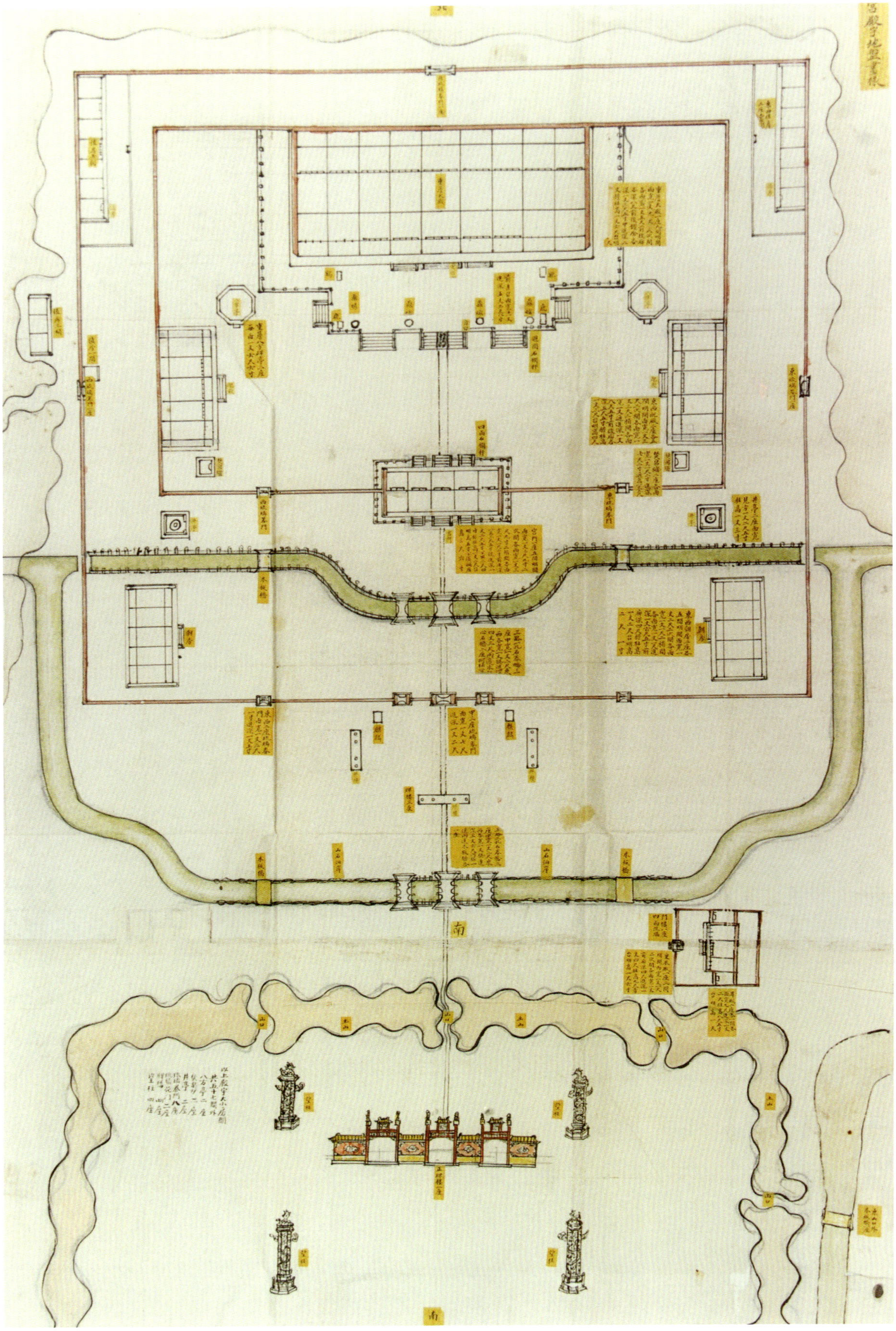

鸿慈永祜样式雷画样

鸿慈永祜复原图

鸿慈永祜遗址早期残迹
拍摄于 1922 年

鸿慈永祜遗址现状

鸿慈永祜原址石麒麟旧照

拍摄于 1924 年前后

鸿慈永祜原址太湖石旧照

拍摄年代不详

现存于北京大学西门内的鸿慈永祜遗物，分别为鸿慈永祜殿前丹陛石一块、石麒麟一对。这几件石刻均为民国时期从圆明园内运出放置在原燕京大学内的。其体量较大，雕刻精美，多饰有云龙纹，侧面反映出鸿慈永祜一景当年的建筑规格。

第三节

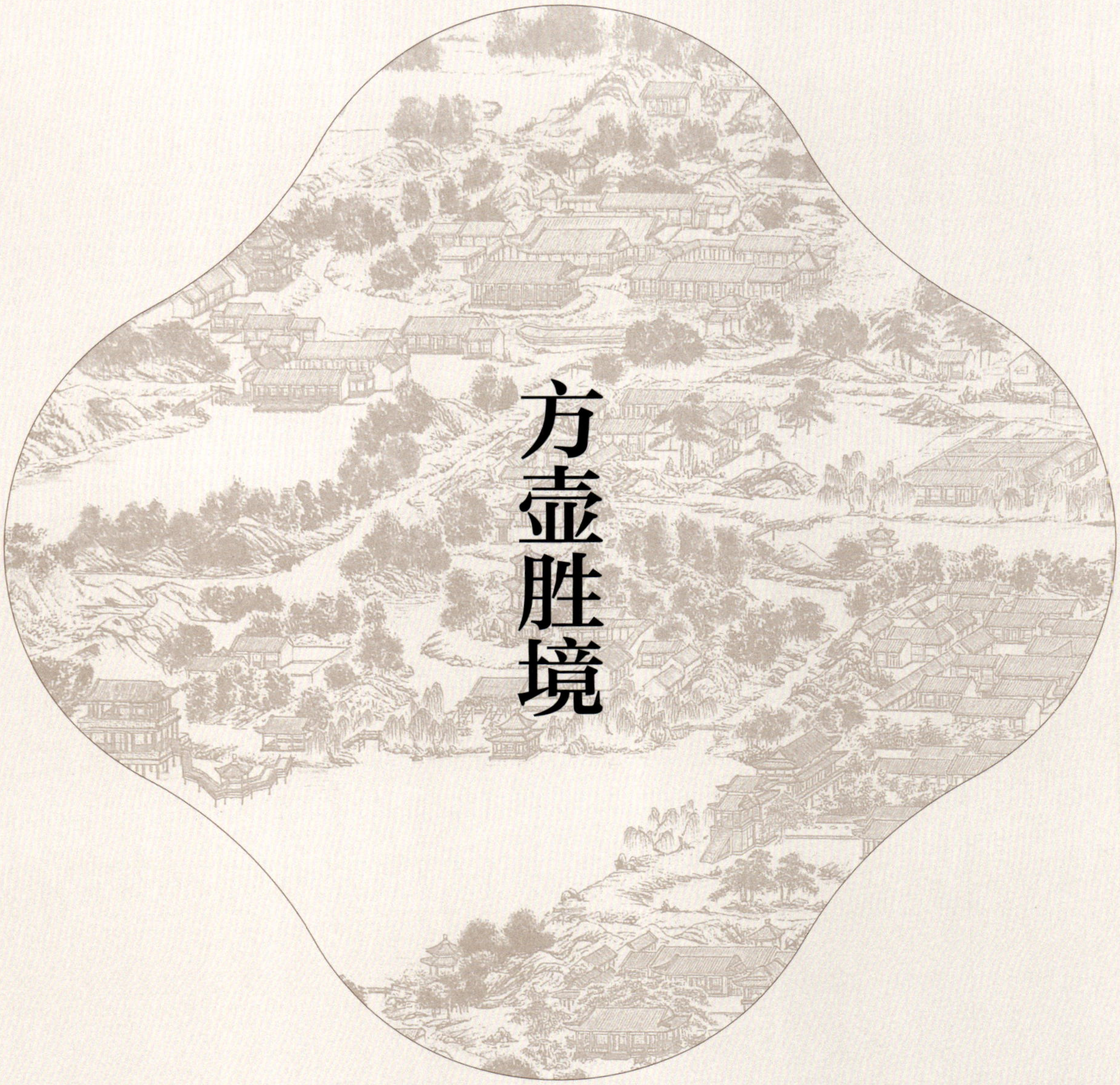

方壶胜境

方壶胜境，圆明园四十景之一，始建于乾隆三年（1738 年）。其位于福海东北处，占地 2 万平方米，是园中建筑规模最宏大、色彩最绚丽的建筑群，营造出仙山琼阁般的景观。乾隆皇帝曾称赞其“却笑秦皇海上求，仙壶原即在人间”。方壶胜境建筑采用清代官式建筑做法，重楼飞阁间是乾隆皇帝所打造的人间仙境，这种模仿海中仙山的造园手法受到历代帝王的青睐。在方壶胜境一景西侧还仿建了杭州西湖的三潭印月。

方壶胜境遗址今仅存基址和夯土台，经过多次清整，现沿水石质台基完好，西部三潭印月遗址尚可寻。

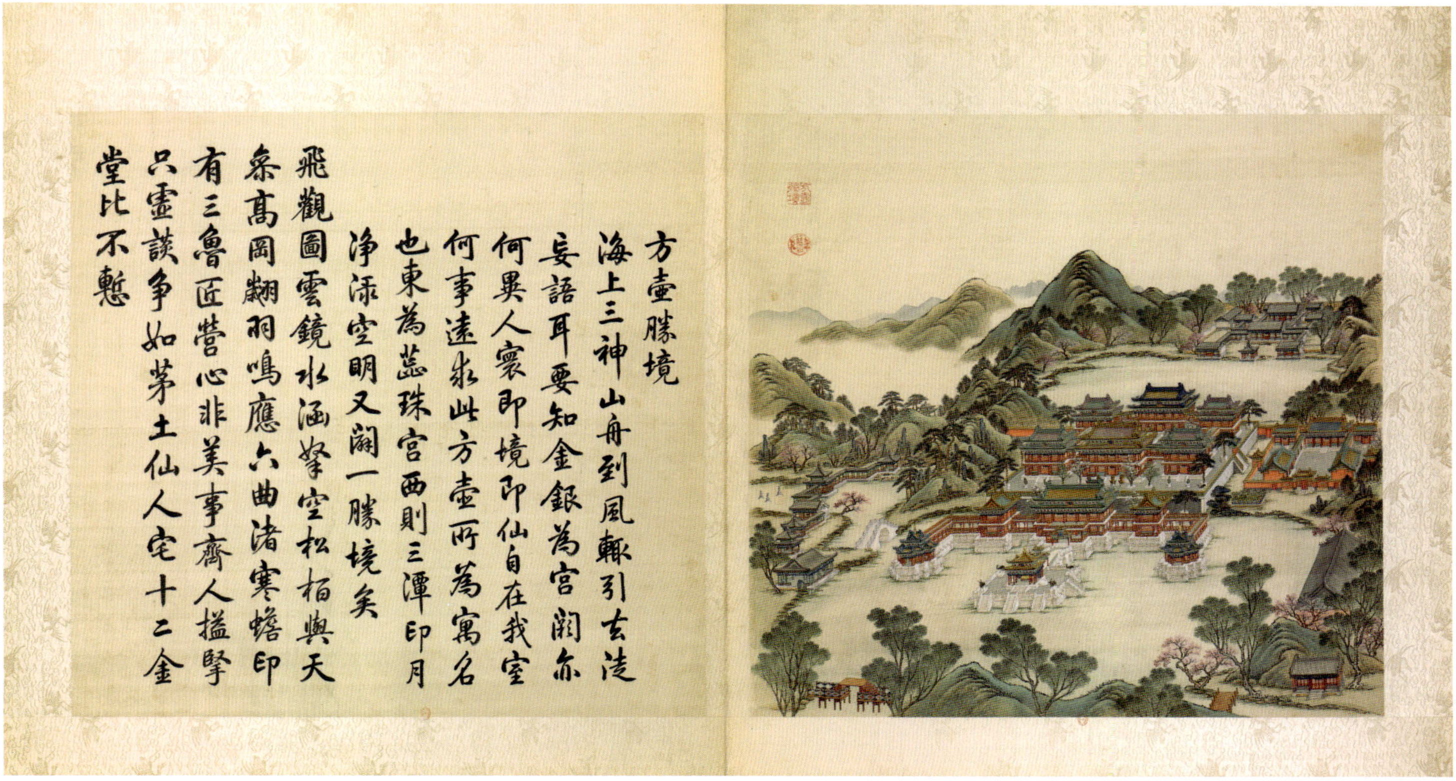
方壺勝境
海上三神山舟到風輒引去徒
妄語耳要知金銀為宮闕亦
何異人寰即境即仙自在我室
何事遠求此方壺所為寓名
也東為蕊珠宮西則三潭印月
淨淥空明又闢一勝境矣
飛觀圖雲鏡水涵聳空松栢與天
參高岡翔羽鳴應六曲渚寒蟾印
有三魯匠營心非美事齊人搤擥
只虛談争如茅土仙人宅十二金
堂比不慙

《方壶胜境四十景图咏》

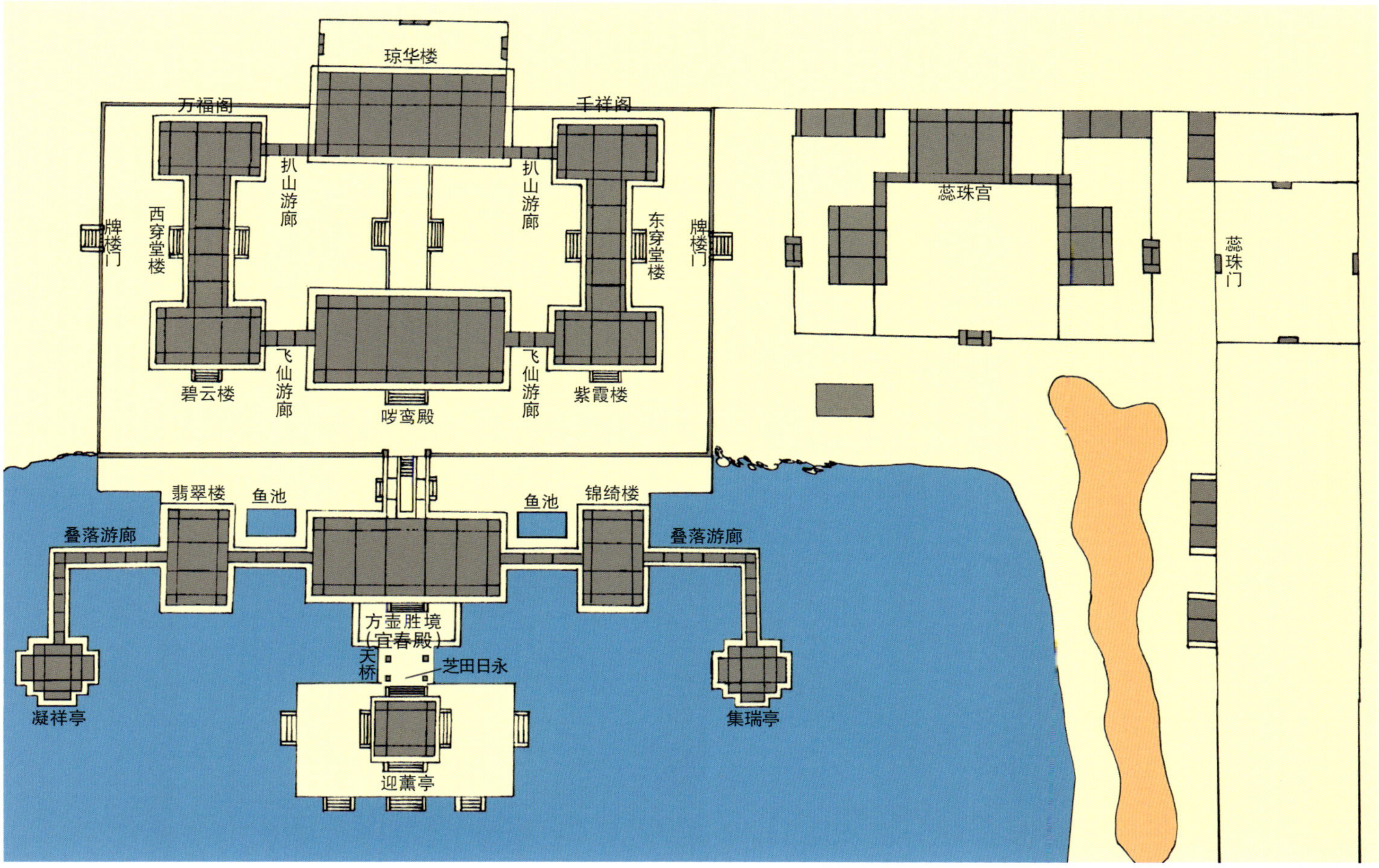
琼华楼
万福阁
千祥阁
扒山游廊
扒山游廊
西穿堂楼
东穿堂楼
牌楼门
牌楼门
蕊珠宫
蕊珠门
飞仙游廊
飞仙游廊
碧云楼
紫霞楼
哕鸾殿
翡翠楼
鱼池
鱼池
锦绮楼
叠落游廊
叠落游廊
方壶胜境
（宜春殿）
天桥
芝田日永
凝祥亭
集瑞亭
迎薰亭

方壶胜境平面图

方壶胜境复原图

方壶胜境遗址早期残迹
拍摄于 1900 年前后

方壶胜境遗址现状

方壶胜境三潭印月遗址

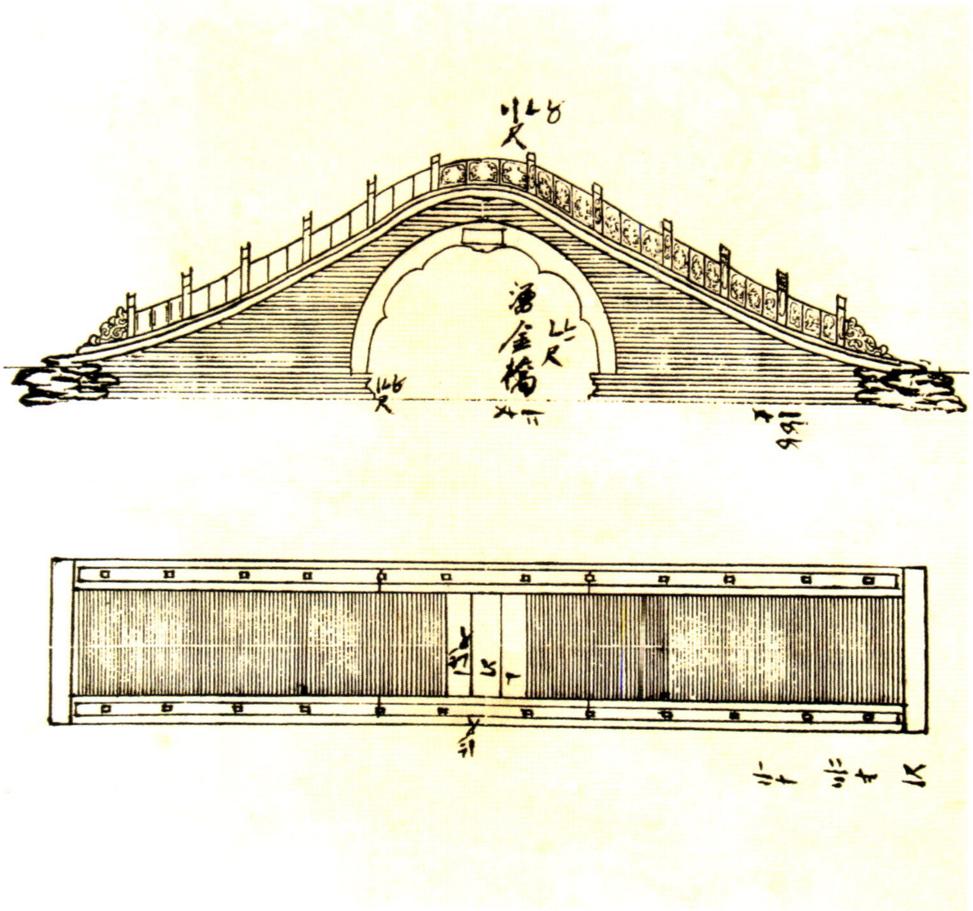

样式雷涌金桥画样

方壶胜境出土的乾隆御笔涌金桥石刻

第四节

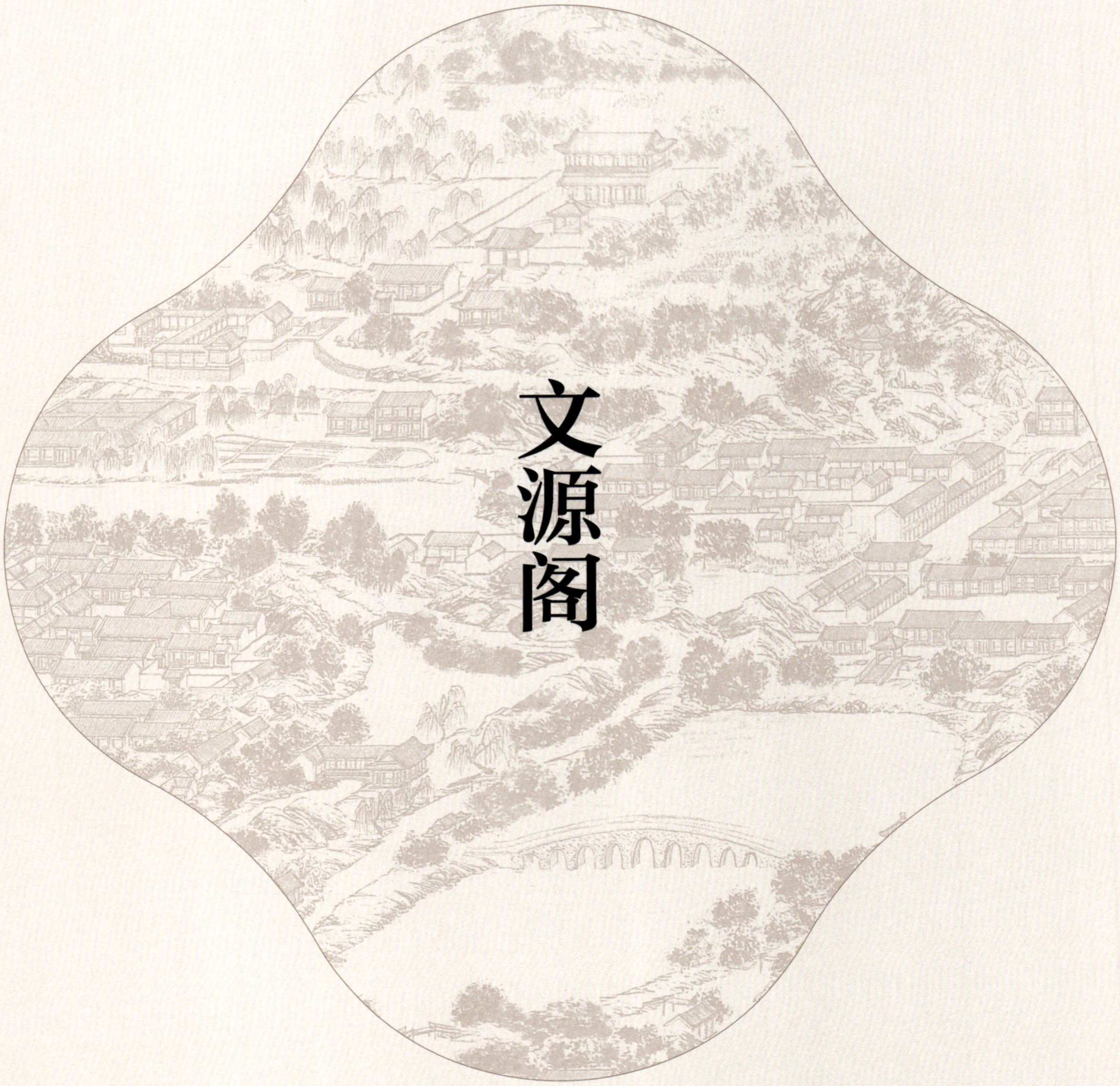

文源阁

文源阁，位于水木明瑟一景之北，建成于乾隆四十年（1775 年），是一处以皇家藏书楼为主体的园林景观，占地 1.6 万平方米。文源阁主要包括藏书阁、宫门、碑亭、趣亭、月台等，阁前庭院有水池、假山等。其藏书阁仿浙江范氏天一阁而建，南向卷棚歇山楼六间，覆黑色琉璃瓦，嵌绿边，外观为两层，前后出廊。文源阁在建成之初便收贮了康熙《古今图书集成》一部，后与紫禁城文渊阁、避暑山庄文津阁及沈阳故宫文溯阁，同为收贮《四库全书》之所，合称“内廷四阁”。

圆明园被毁后，文源阁内大量太湖石被曹锟运至其位于保定的巡阅使署等私宅。方池中的玲峰石于民国年间被毁，今仅见部分诗刻。文源阁碑现存于文津街国家图书馆分馆院内。

文源阁复原图

文源阁碑原位于文源阁东侧碑亭内，碑文为乾隆皇帝御笔《文源阁记》，以满汉两种文字撰写。碑文记载了乾隆为收贮《四库全书》而仿照浙江范氏天一阁在圆明园内建造文源阁一事，并叙述了阁名的内涵。此碑字迹尚清晰，但碑首、碑身、碑座多有破损，经修补，现存国家图书馆文津街分馆院内。

现存国家图书馆（文津街）的文源阁碑

文源阁平面图

玲峰石早期残迹，远处为文源阁碑
拍摄于 1912 年

玲峰石及其石基现状

第五节

海岳开襟

海岳开襟，位于思永斋正北湖心，乾隆十二年（1747 年）建成，筑于圆形石砌台基之上，四周环水，东西南北各设码头。岛直径约 90 米，建筑面积约 1000 平方米。楼为三重檐四出轩式建筑，正楼为三重檐，四面各接重檐抱厦一座。下层四面各显五间，中层、上层四面各显三间，中层周围安庑座擎檐廊。此楼壮丽高敞，为清帝登高望远佳处。

1860 年圆明园罹劫，海岳开襟因位于湖中岛上而幸免于难。同治年间重修圆明园时，对其进行过修补。光绪二十二年（1896 年）二月至九月，慈禧太后、光绪皇帝还曾三次游至此岛。1900 年八国联军一役间，毁于战乱。海岳开襟遗址于 1993 年清运渣土，归安补配环岛条石驳岸。岛上有半月台一景，为皇帝望月之处，有乾隆御制半月台诗刻碑，现存北京大学。

海岳开襟复原图

海岳开襟遗址早期残迹

拍摄于20世纪早期

海岳开襟遗址现状

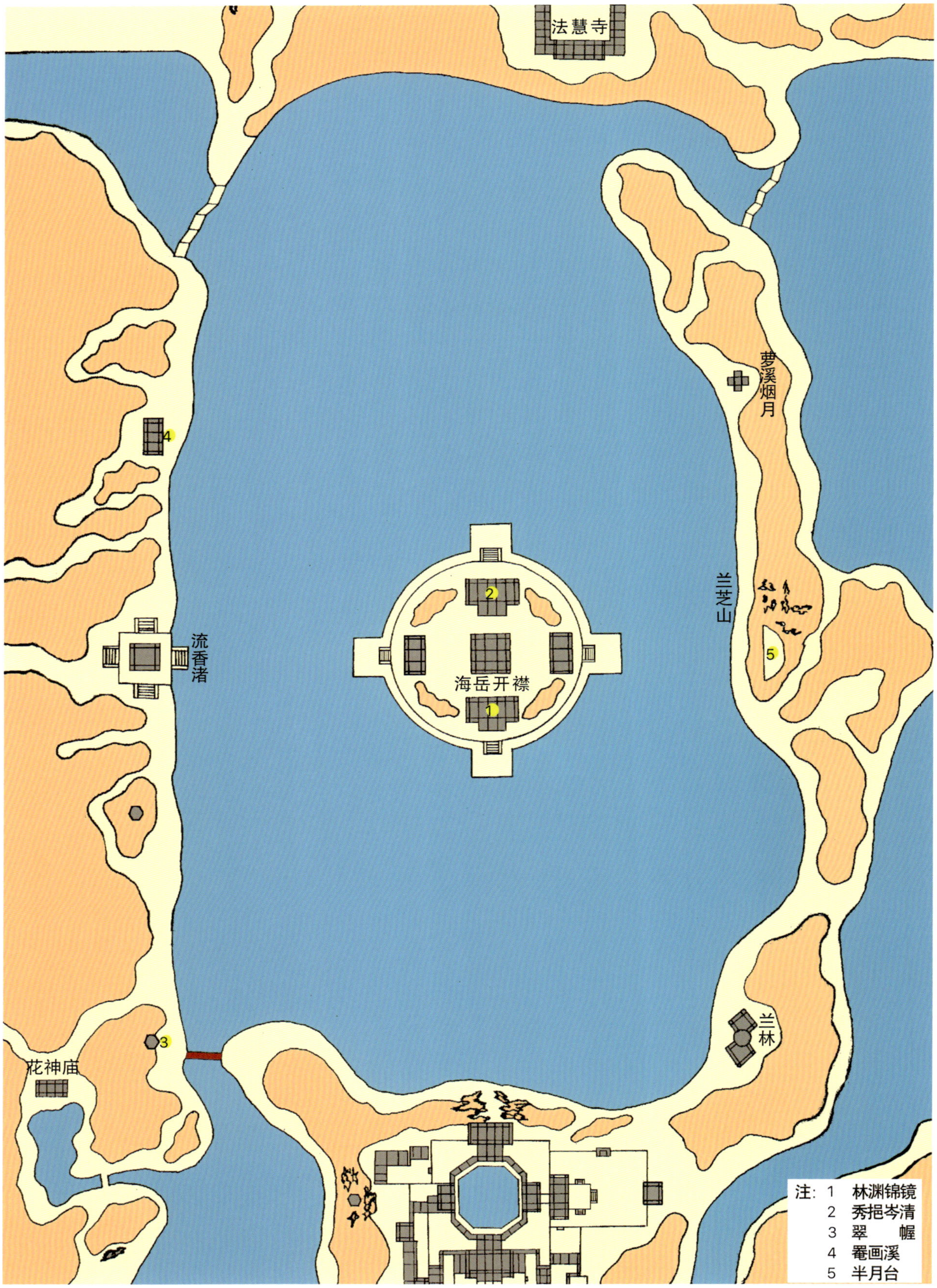

海岳开襟平面图

现存北京大学的半月台石碑

第六节

法慧寺

法慧寺位于海岳开襟北岸长岗阳坡，建成于乾隆十二年（1747 年），是一处寺庙园林，占地 3000 平方米，建筑面积 1700 平方米。法慧寺格局为中路三座五开间殿宇，正殿为法慧寺，殿宇间有回廊相连。西侧有一城关，名“普香界”。

圆明园罹劫后，法慧寺临岸土山被挖平填湖。原西门城关南侧建有民居共计六户，2000 年已拆迁。原址出土乾隆皇帝御书“花雨散诸天”与“爱此清凉窟”石联一副，“阐”“门”二字石刻，亦存西南侧崖下。乾隆皇帝御书“普香界”石刻匾，今存西交民巷 87 号院内。

法慧寺复原图

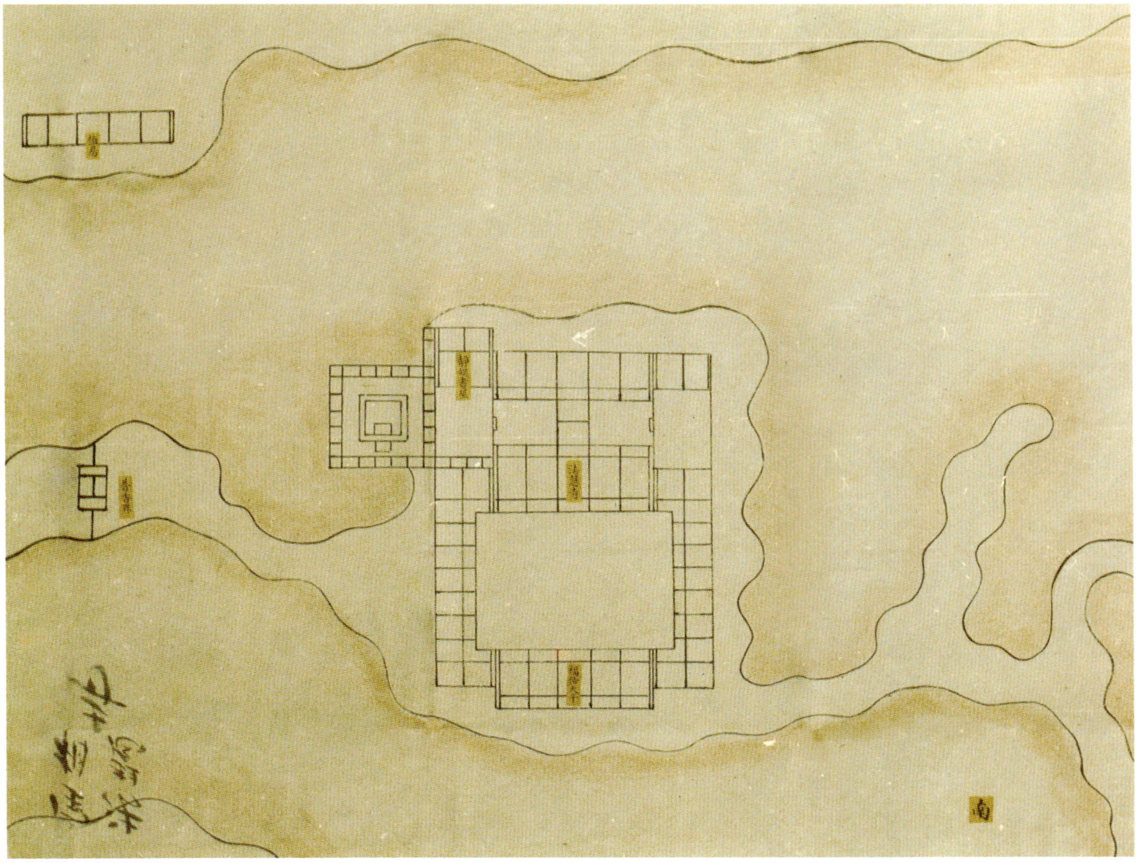

法慧寺样式雷平面图

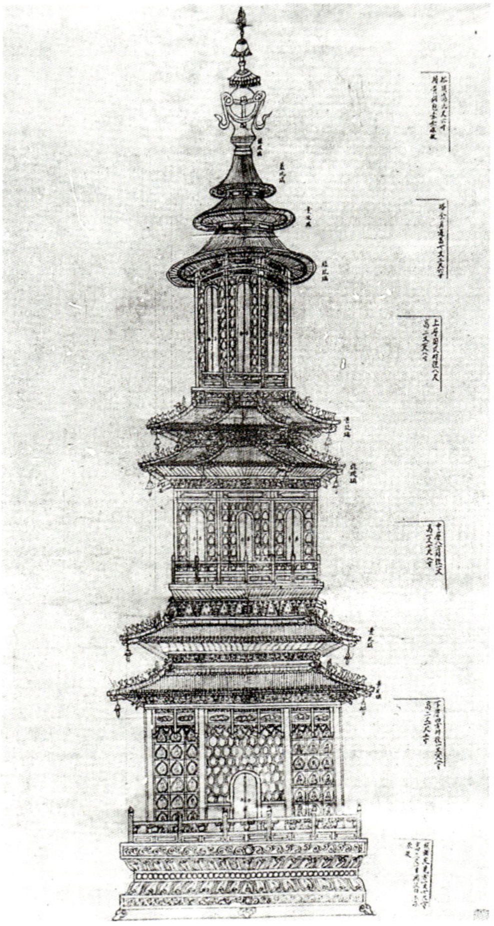
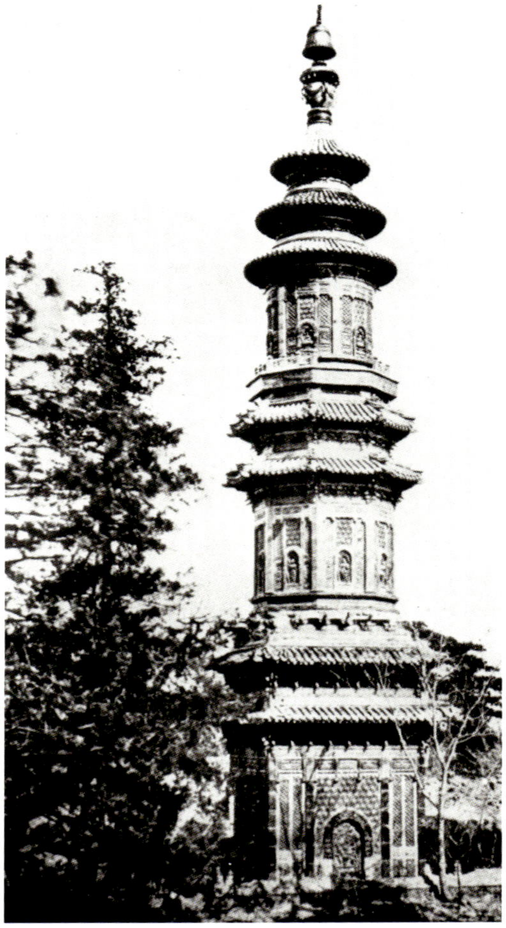

法慧寺琉璃塔图纸及早期影像

现存琉璃塔基址

法慧寺有下方上圆三层七级五色琉璃塔，通高 23.55 米。塔基为正方形大理石须弥座，高 0.99 米、5.5 米见方，四周为白玉石栏杆。琉璃塔下层两级平面为正方形，塔檐分别用翡翠色与黄色琉璃砖瓦。中层两级平面为八方形，用青色与紫色琉璃。上层三级平面为圆形，用绿、黄、青色琉璃。塔顶为铜包金覆钟锦罐式。其形制与今颐和园多宝琉璃塔相近。

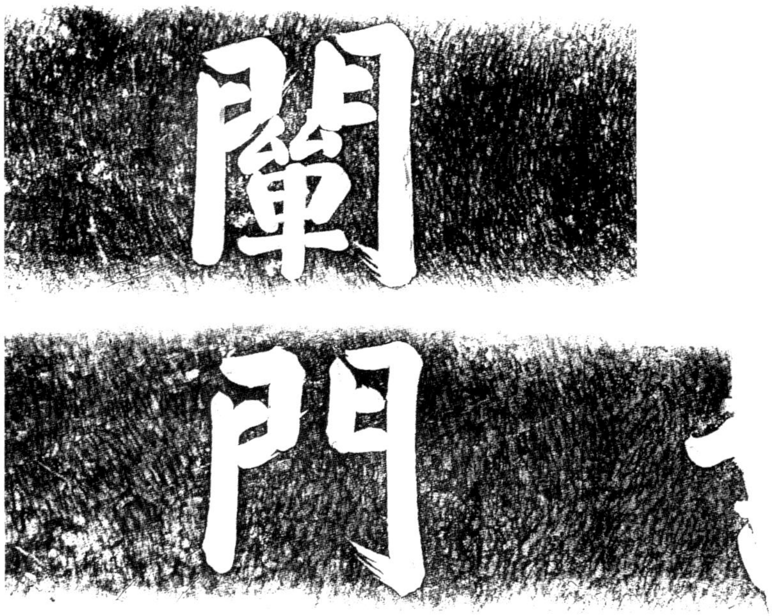

法慧寺出土“阑”“门”石匾额拓本

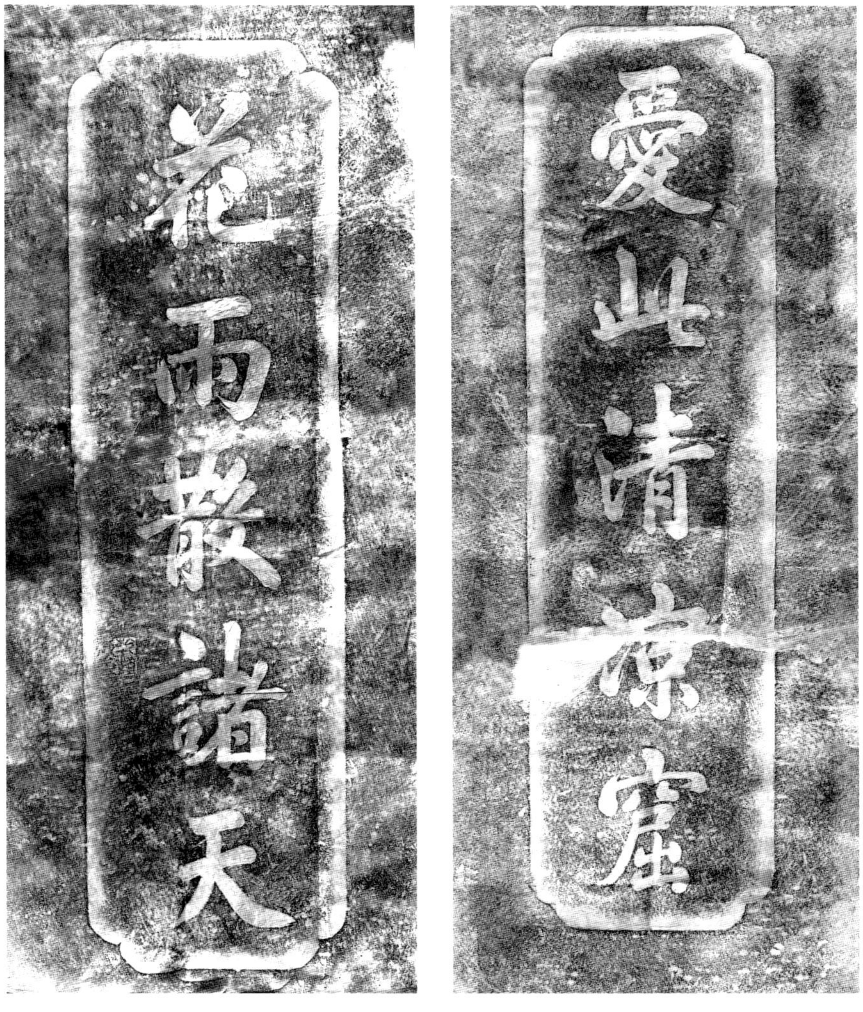

法慧寺出土“花雨散诸天”“爱此清凉窟”石楹联拓本

第七节

谐奇趣

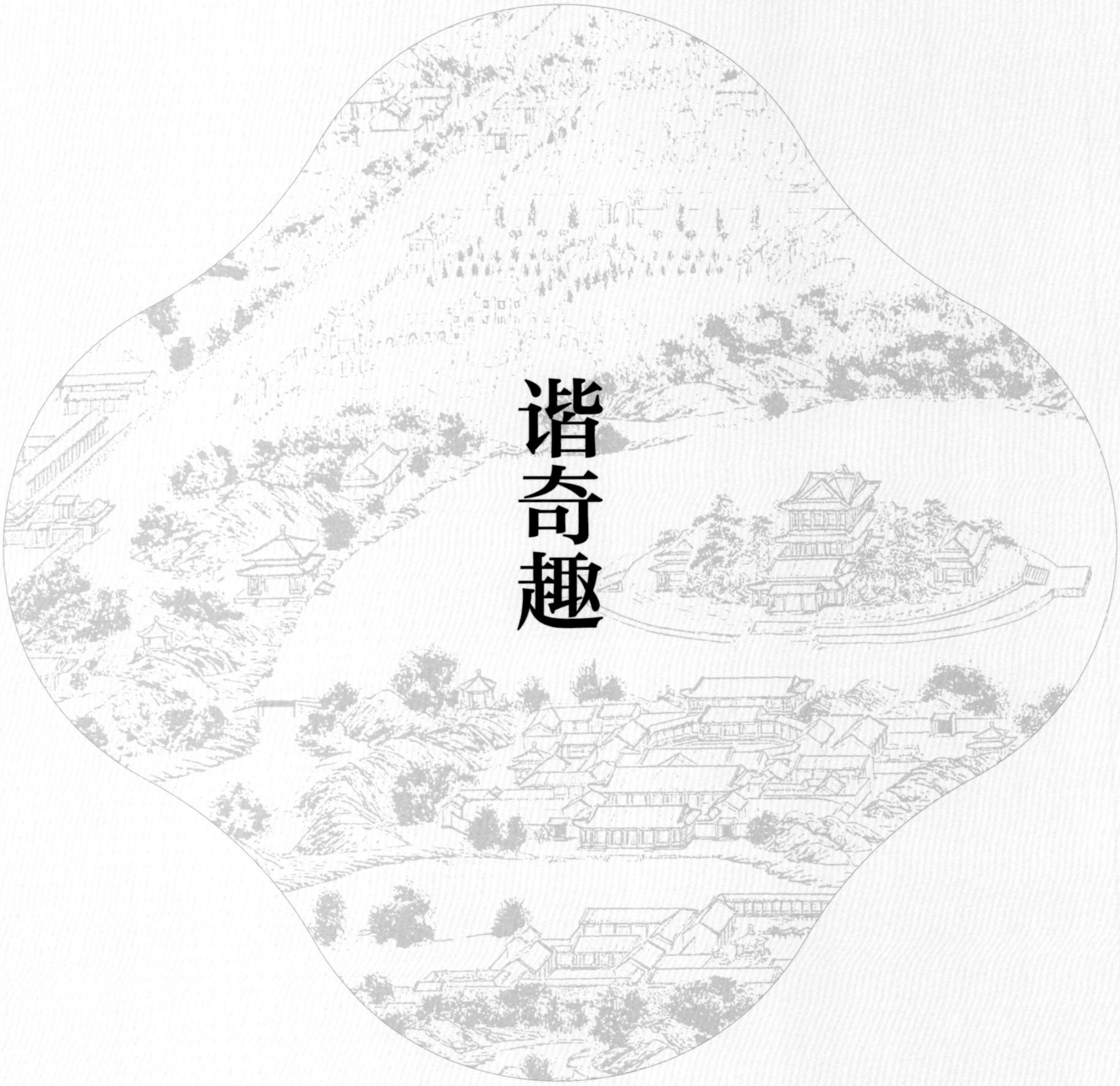

谐奇趣，位于西洋楼景区西端，建成于乾隆十六年（1751 年），是园内最早建成的西式建筑。主楼三层，其中一、二层为七间，前有半圆形高台，后接平台抱厦三间，顶层为三间。大殿东西两前侧伸出弧形平台游廊，尽端为两层八角楼厅。谐奇趣楼以青石为柱，柱头柱身皆仿罗马式，门窗券口用砖石细刻花纹番草，墙面有五色琉璃浮雕加以装饰。楼顶则为中式庑殿四坡形式，覆彩色琉璃瓦。楼前设有喷泉景观。

圆明园罹劫后又经百年风雨，谐奇趣已不见往日风采，楼北的菊花式喷水池，曾流散于北京翠花胡同，1987 年已在原址复位。楼南喷泉池的西洋翻尾石鱼，现存北京大学。谐奇趣遗址在 1992 年全面清运渣土，廓清基址，并归位部分石件。

諧奇趣南面一

谐奇趣平面图

西洋楼铜版画之谐奇趣北面

諧奇趣北面二

谐奇趣南侧遗址全景

拍摄于 1873 年

谐奇趣北侧遗址旧照

拍摄于 1873 年

谐奇趣音乐厅遗址旧照

拍摄于 1873 年

谐奇趣喷水池，1987 年回归原址

谐奇趣遗址现状

第八节

大水法　远瀛观

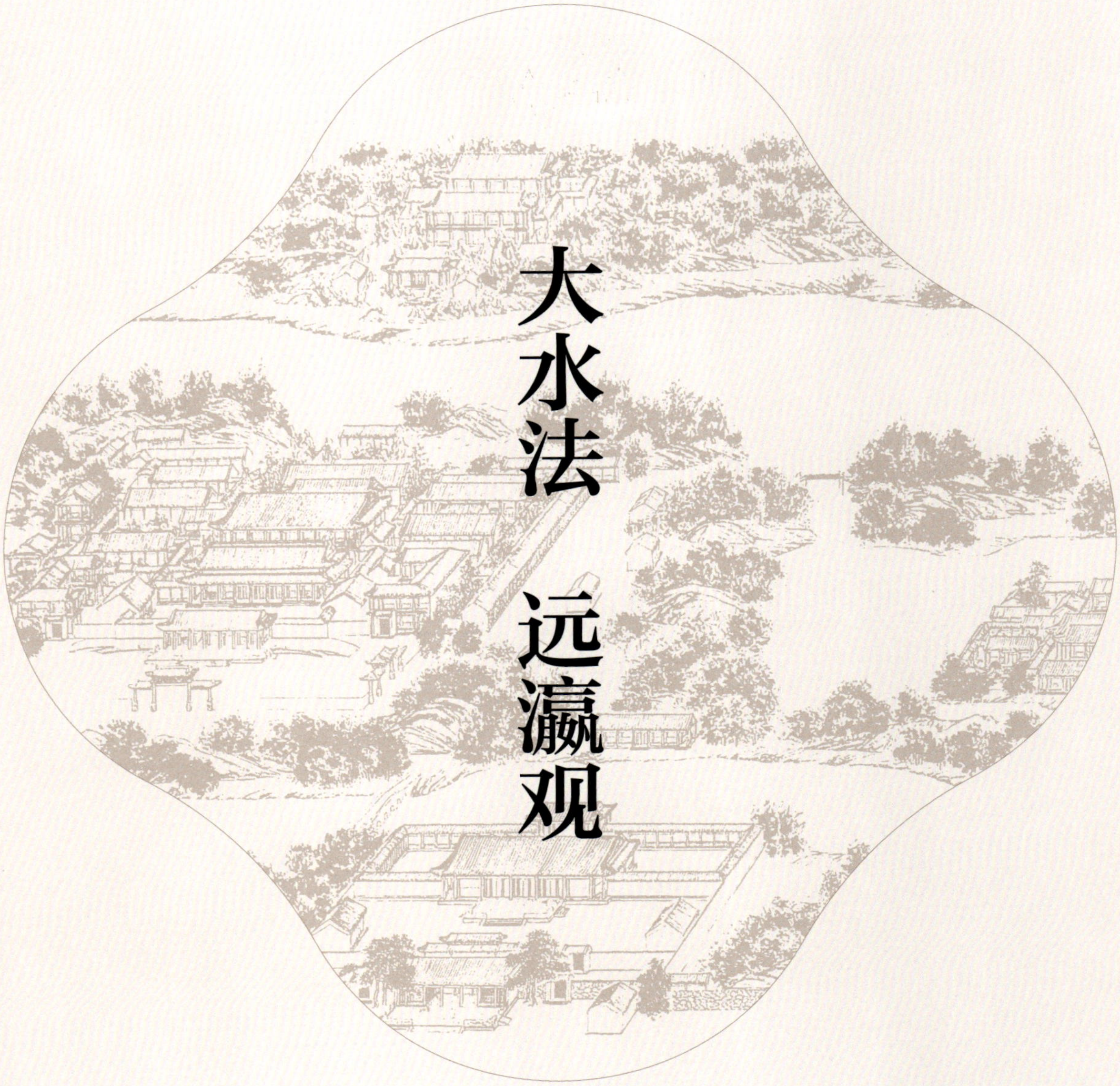

大水法位于西洋楼景区东部，建成于乾隆二十四年（1759 年），是一处以喷泉为主体的园林景观。主建筑为巨型石龛式，中券前边有狮子头喷水瀑布，成七级水帘。前方为花式喷泉池，池中心有一只铜梅花鹿，鹿角喷出水柱，两侧散布十只铜狗，均作逐鹿之状，口中喷水直射鹿身，俗称“猎狗逐鹿”喷泉。大水法的左右前方，各有一座十三级西式方形喷水塔，从塔顶喷出水瀑，塔周还有四十四根大小铜管皆一齐喷水，蔚为壮观。

远瀛观为乾隆四十八年（1783年）添建于高台的南向西洋钟楼式大殿，平面呈倒“凹”字形。明殿是三开间两层檐庑殿顶，中券上方为圆形百锦窗，东西侧廊则为双层檐亭式楼顶，亭四面皆显白玉石真假券口窗。远瀛观的门窗均镶装玻璃，包括前后两个券门上的横披、前边两次券的隔扇、前后四槽隔扇门及四周十四槽槛窗。远瀛观建筑使用的石柱皆为优质汉白玉，尤其是中券两侧的汉白玉巨柱，柱头、柱身满刻下垂式葡萄花纹，刻工精良，枝叶鲜活如生，属艺术珍品，今日依然保存完好。

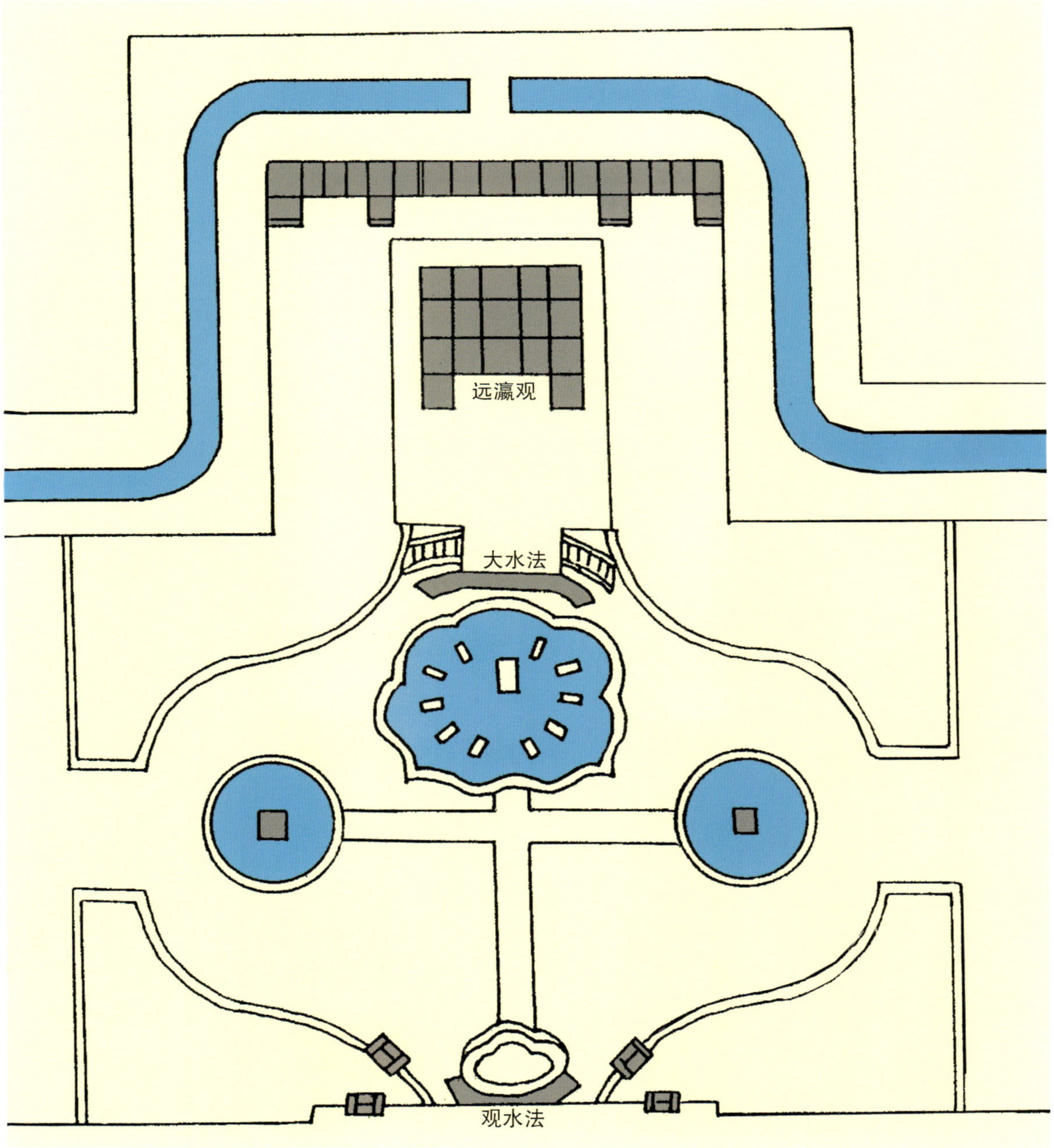

大水法、远瀛观平面图

西洋楼铜版画之远瀛观正面

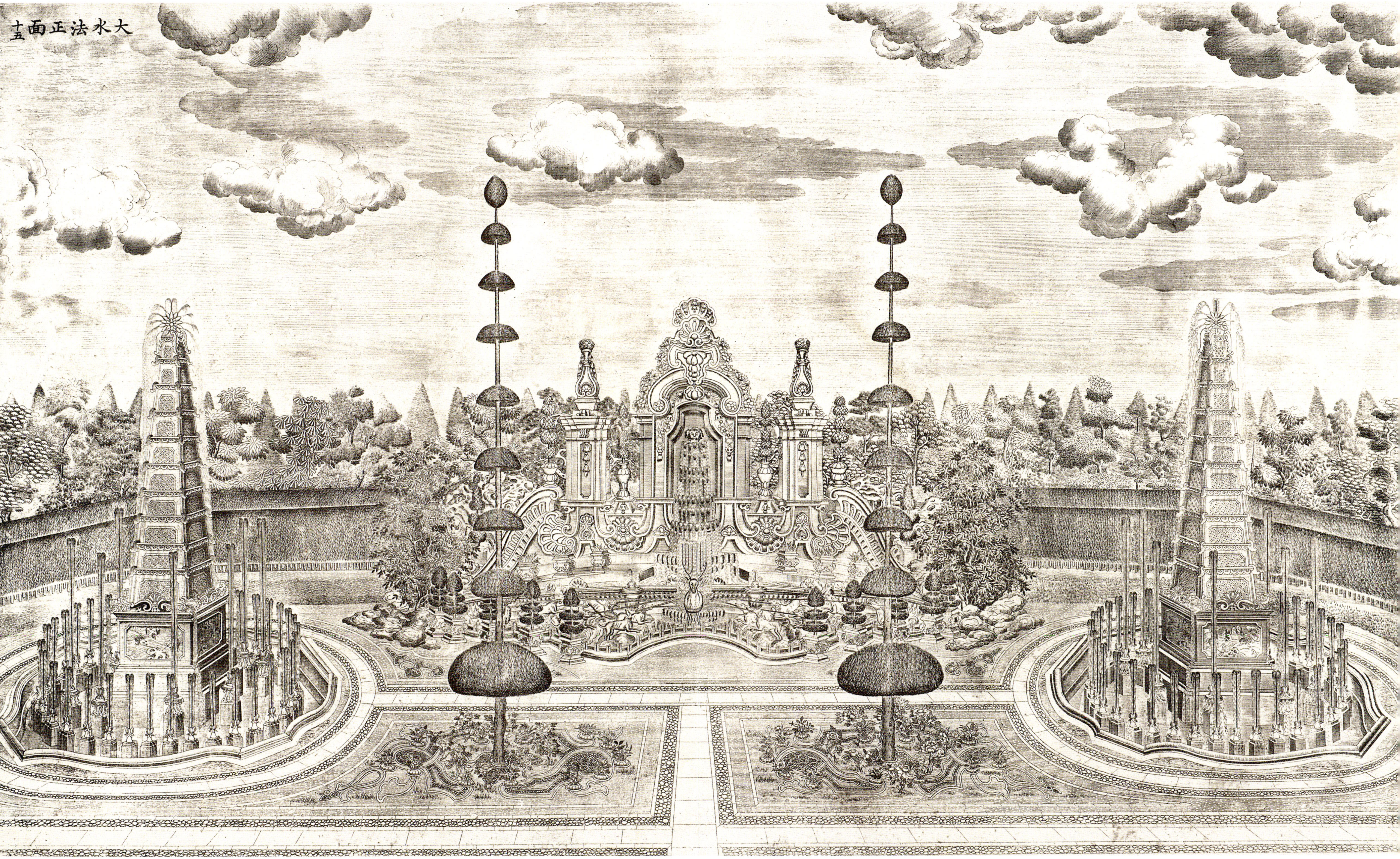
大水法正面十五

字形。明殿是三开间两层檐庑殿顶，中券上方为圆形百福窗，东西侧廊则为双层檐亭式楼顶，亭四面皆显白玉石真假券口窗。远瀛观的门窗均镶装玻璃，包括前后两个券门上的横披、前边两次券的隔扇、前后四槽隔扇门及四周十四槽槛窗。远瀛观建筑使用的石柱皆为优质汉白玉，尤其是中券两侧的汉白玉巨柱，柱头、柱身满刻下垂式葡萄花纹，刻工精良，枝叶鲜活如生，属艺术珍品，今日依然保存完好。

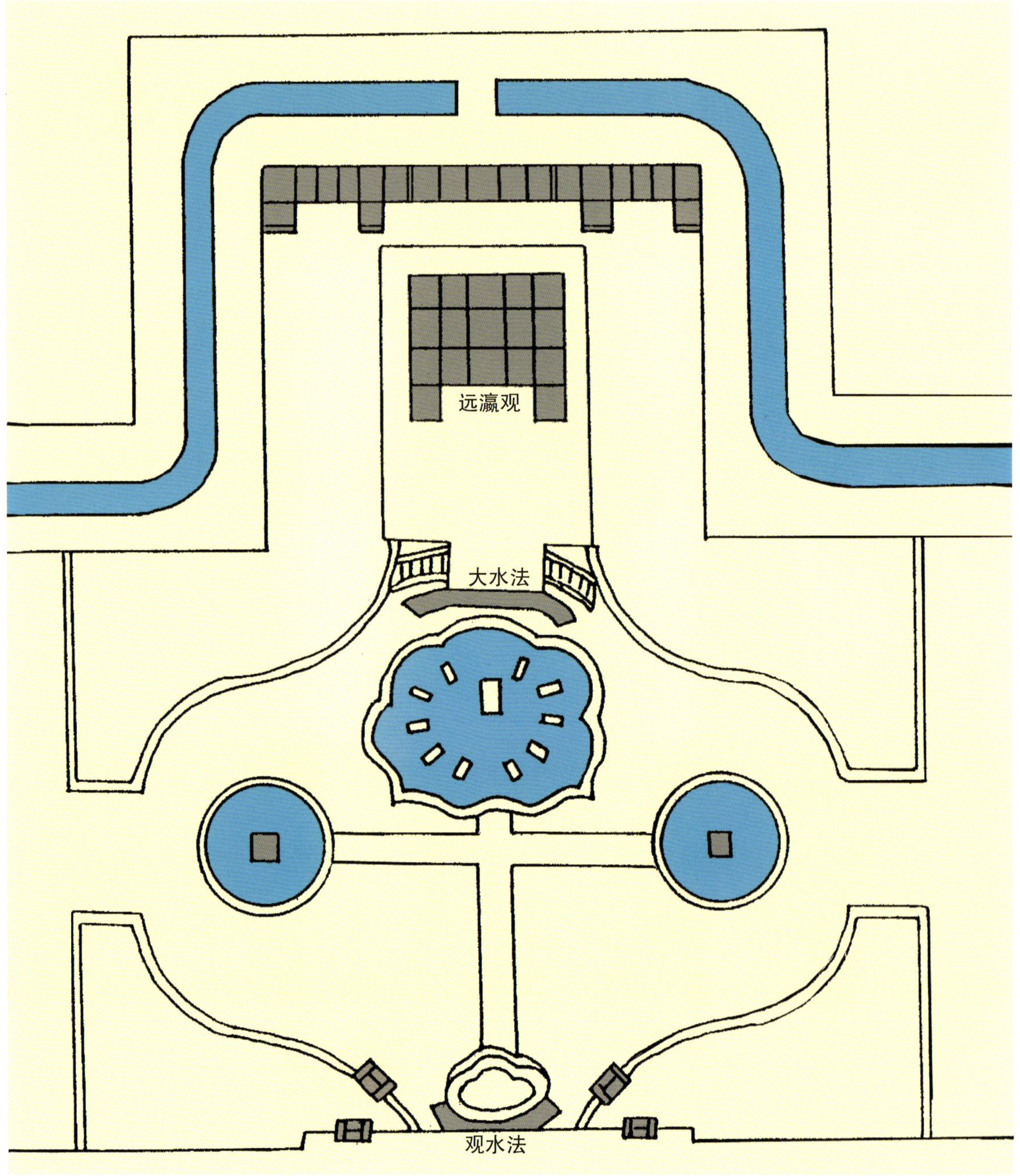

大水法、远瀛观平面图

西洋楼铜版画之远瀛观正面

遠瀛觀正面十四

大水法、远瀛观遗址全景旧照

拍摄于 1927 年前后

大水法遗址旧照

拍摄于 1873 年

远瀛观遗址旧照

拍摄于 1873 年

大水法石龛细部（数字化扫描成果）

远瀛观雕花石柱、龙头构件（数字化扫描成果）

大水法、远瀛观遗址正射影像图（数字化扫描成果）

大水法遗址现状

回归圆明园的大水法喷水石鱼

大水法喷水石鱼为汉白玉质地。两件石鱼应为一对，两两相望。鱼身呈向内卷曲状，鱼尾向上翻起与鱼身相连，两鳍向外翘起，好像在努力拍水，又似要随时高高跃起，造型十分生动、活灵活现。鱼身细部雕刻精致，嘴部饰须，眼周纹饰似火焰，鳞片刻画凹凸有致、层层相叠。鱼嘴圆张，与鱼身下部相连，作为喷水出口。2006 年 11 月，石鱼由中共中央组织部机关事务管理局捐赠，回归圆明园。

民国时期，圆明园遗址遭到军阀、权贵巧取豪夺，公园、学校甚至政府也有组织、成规模地拆运、使用园内石料。圆明园石质遗物散落各地，石鱼也正是此时被带离圆明园。

叁

多措并举 文脉赓续

圆明园经历1860年、1900年两次劫难，宫室苑囿早尽焚毁，斫雕无痕；珍宝珠玩，难觅形踪。至民国时期，圆明园的石料被大量盗运，挪作他用，后又历经平山、填湖、建房、种田，园林失山水之秀。

圆明园是中国千年园林艺术的巅峰之作，也是中国近代落后的耻辱见证，更是中华民族复兴之梦的驱动力。周恩来总理曾表示“圆明园要保留……这地方，总有一天会整理出来供国人参观的，国耻勿忘，圆明园遗址是侵略者给我们留下的课堂”。此后，圆明园的重要性得到社会公认，全国掀起保护圆明园的热潮，圆明园管理处应时而生，通过实施“迁出去、围起来、管起来”的政策，陆续开展清整基址、疏通水系、补砌山石、生态建设、考古发掘、文物修复、展览展示等各项工作。

经过多年努力和建设，圆明园现已成为全国爱国主义教育示范基地、国家考古遗址公园及三山五园文物保护利用示范区建设中的重要一环。圆明园正以全新姿态诠释其深远的文化内涵，书写新时代的奋斗篇章。

第一节

筑基整修

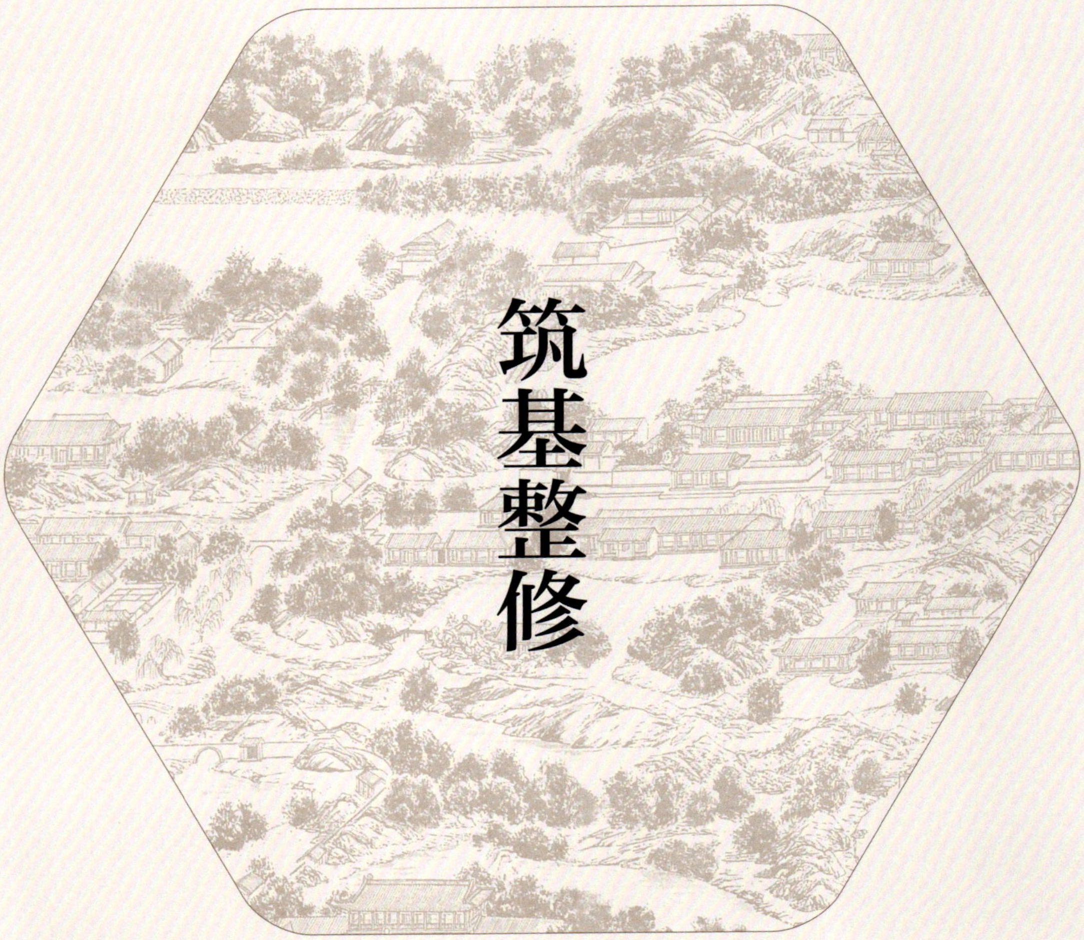

在党和政府的支持及社会各界人士的关心下，1976 年成立圆明园管理处，圆明园的管理、保护步入新的阶段。自管理处成立至 20 世纪末，在长春园、绮春园及福海区域全面开展遗址整修工作，归安建筑构件，首次实现圆明园流散文物原址归位；修葺园墙，实现将圆明园重新围起来的愿望；复建绮春园宫门，修缮部分亭台轩榭，以公园的形态正式对外开放；福海清淤，再现池影澄清、净练不波之景；成立圆明园学会，百家争鸣，掀起圆明园研究热潮。通过一系列的整顿工作，芳草萋萋的废弃御园显露全新风貌。

1976年11月，圆明园管理处成立。

1977 年，将位于北京大学的西洋楼观水法石屏风运回圆明园。这是圆明园外流文物首次回归原址。

回归原址的观水法石屏风

拍摄于 1980 年

圆明园管理处成立之初，清整西洋楼遗址石构件。

拍摄于 20 世纪 70 年代

改革开放以后，社会各界对圆明园的关注更加强烈，借助改革开放的快车，圆明园遗址的保护利用也突飞猛进。1978 年 4 月，侯仁之（左四）等专家、学者和各界代表在西洋楼遗址参观。

1978 年 4 月，部分市政协委员参观圆明园遗址，单士元先生在座谈会上发言。

1978 年 4 月，部分市政协委员参观圆明园遗址，侯仁之先生在座谈会上发言。

保护、整修及利用圆明园遗址倡议书

圆明园（包括长春园及万春园）位于北京西郊历代园林荟萃地区，占地共五千二百余亩（350公顷）。园林格局基本形成于乾隆时代。其创作继承了中国三千多年的优秀造园传统，并吸收江南风景与园林精华，以园中有园的艺术结构组织诗情画意于变化万千的景象之中，冠以胜名者达百余景，这是一座清朝鼎盛时期最宏伟最幽美的皇家园林，论者推为京畿“三山五园”之首。当时，中国园林在欧洲很有影响，圆明园被誉为“一切造园艺术的典范”。圆明园不仅以园林著称，而且又是当时收藏珍宝、文物及图书的一座皇家博物馆。清朝几代皇帝曾长期在此居住、临朝听政，所以它又是当时的一个政治活动中心，因而在中国近代史上占有特殊地位。

不幸的是，这一世界名园于1860年为英法联军劫掠焚毁，此后又遭受八国联军及国内军阀、官僚、奸商等的继续破坏，现在已变成一片废墟。这不仅是中国、也是整个人类文化的重大损失。一百二十年后的今天，面对这座世界名园的残垣断壁，不能不引起一切关心人类历史文化的中外人士深情的凭吊和对帝国主义野蛮罪行的愤怒谴责。

圆明园虽遭破坏，但现在山形、水系大部分完整，建筑基础依然存在，园林总体布局仍可辨认。建国以来，这一名园遗址受到党和政府的重视，五十年代初期周总理曾指示：圆明园遗址要保护好，地不要拨出去，以后有条件可以修复。北京市政府根据这一精神，发出圆明园一草一木不准动的指示；有关部门对修复方案曾进行过多次酝酿。1960年国家收回园内土地，并大量植树以保护遗址环境。可惜十年动乱期间，有些单位和群众擅自侵占土地，挖山填湖，盗伐树木，折毁房基砖石，对遗址造成进一步的破坏。1976年底海淀区成立了圆明园管理处，开始整理，但人少地广，难于控制，破坏现象仍不断发生，长此下去，不要太久这一重要遗址将不复存在了。现实情况表明，单靠消极保护，圆明园遗址是保不住的，只有积极地整修、利用，才能达到长久保存的目的。

值此圆明园被毁一百二十周年之际，目睹遗址无时不在遭受破坏，深感痛惜。为切实保存这一历史文化遗址，使它更好的发挥爱国主义教育的作用，并根据中央书记处对首都建设的“四点建议”精神，将整修圆明园的工作纳入首都社会主义现代化建设规划之中，使其成为首都历史文化和学术活动中心之一，并与旅游事业相结合，而起到为“四化”积累资金的积极作用，我们特提出保护、整修、利用圆明园遗址的倡议。我们认为这项工作既有政治与历史意义，又有文化与经济价值，它将会对首都建设作出重要贡献。

为此，我们建议：

（一）政府重申保护法令，公布圆明园遗址为“全国重点文物保护单位”。

（二）建立专门的领导机构，以组织科学研究与园址的经营管理。

（三）尽早修筑围墙，有效地制止破坏。

（四）妥善安排遗址内农民的生产活动，使其与遗址保护、整修工作统一起来。

（五）有计划、有步骤地进行科学发掘遗址、研究史料及培训技术人员等有关整修的准备工作。

（六）有条件时，应首先整理山形、水系，清理建筑基址，进行植物配置以及修复个别景区供人游览，并清理出若干遗址供游人凭吊。

待上述工作完成后，即可布置陈列、展览，组织游艺、演出、划船等文娱活动以及饮食供应、纪念品出售等，正式向国内外群众开放。同时结合观赏，可以进行种藕、养鱼、经营果木之类的生产。配合圆明园遗址的开放游览，也可在园外建造一些低层的园林式旅游宾馆，以争取更多的经济利益与外汇收入。

从长远来看，正如周恩来同志曾经设想的那样，随着国家经济和文化建设的发展以及首都现代化建设进程，还可以对圆明园作进一步的整修与利用。关于整修圆明园的技术资料，故宫博物院等单位现保存有乾隆时期的四十景图，同治时期重修圆明园的烫样（模型），解放前圆明园实测总平面图及有关文献资料和复原鸟瞰图可供参考；如果整修工作能抓紧进行，我们还有老的古建筑、古园林专家及有施工经验的老技工可以贡献他们的知识和技能。我们应该利用这些条件，尽早组织有关总体规划与园林设计的专题研究。至于整修经费，除根据我国经济建设的具体情况，在可能条件下吸收有关单位提供的资金外，应欢迎各界人士及爱国侨胞的热情捐助和支援，以便集腋成裘，促进整修计划的逐步实现。

总之，在社会主义建设中，我国人民作为高度文明的民族，应该极其珍视祖国的历史文化遗产。我们有志气、有能力在帝国主义破坏的废墟上整修、再现圆明园这一优秀的历史园林，使其在社会主义现代化的建设中作出贡献。相信我们的倡议一定会得到国内外有关部门和广大爱国同胞的支持，圆明园遗址的保护、研究和整修事业一定会得到成功。

倡议人（签名自一九八〇年八月十二日起至十月十六日止）

宋庆龄 沈雁冰 习仲勋 许德珩 张爱萍 史良 荣毅仁 班禅额尔德尼·却吉坚赞 王昆仑 周培源 包尔汉 于光远 王炳南 王阑西 冯定
卢绪章 叶圣陶 傅钟 江平 白介夫 司徒慧敏 成仿吾 连贯
阳翰笙 朱光亚 刘白羽 刘导生 吴仲超 李贵 李一氓 肖三 肖华
杨超 杨献珍 杨廷宝 周扬 周而复 周巍峙 林林 林修德 林默涵
屈武 罗青长 罗髫渔 陈岱孙 陈志方 尚钺 张执一 张超 张百发

……

文物、历史界：于杰 于倬云 万依 马奇 马得志 弓濯之 王力
王丁 王立兴 王仲殊 王廷芳 王世襄 王道成 王璞子 邓广铭 冯先铭
田野 田禾 田长浒 江泽涵 关洪野 安志敏 齐光 庄炎林 吕遵谔
朱家溍 祁英涛 刘大年 刘子章 刘珂理 孙觉 孙思白 孙起孟 汪金丁

……

孙以泰 孙技儒 孙永林 孙洪铭 孙兴盛 孙怀瑾 孙淑婉 孙敏贞 孙敦恒
吕逢欣 宋正海 宋有方 宋廷瑞 宋继文 宋锡发 汪定雷 沙人琪 何修令
何重义 佟树珩 沈玉麟 沈其康 沈振智 沈惠身 苏少谷 严文龙 严敦杰

……

雷启荣 靳炳勋 虞须华 薄多 鲍承基 谭守仁 谭金升 谭卓枝 蔺安稳
翁士达 翁智远 翟修文 翟德寿 蔡述传 蔡德道 潘鼐 潘发珍 潘自强
潘德延 聂剑初 樊保珍 俞绳方 穆建光 颜文武 颜家珍 魏梦月 魏礼开
戴念祖等一千五百八十三人。

一九八〇年十月十八日

说明：倡议人中包括人大副委员长、国务院副总理、政协副主席11人，部长、主任、司局领导干部113人，教授、研究员、总工程师79人，副教授、副总工程师、副研究员82人，知名文学家、艺术家、新闻出版界人士88人，讲师、工程师370人，大中学生301人，工人240人，其他科技人员、干部、军人、社员299人。

联系地点：北京故宫午门内东朝房，中国圆明园学会筹委会
联系人：王丁 周光汉 茹竞华
电话：55.7440

1980年，中国建筑学会在北京召开全国性圆明园学术讨论会，会议发起保护、整修及利用圆明园遗址倡议的签名活动，社会各界1500余人积极签名支持。

1983 年，北京市政府拨款 40 万元，修复长春园东、北、南三面园墙。

1984 年 12 月 1 日，举行“中国圆明园学会”成立大会。

1984 年 12 月，圆明园遗址公园福海景区开工典礼。

1985 年 6 月，圆明园遗址公园福海完成清整对社会开放。

绮春园宫门旧照

拍摄于 1919 年

复建中的绮春园宫门

1988 年 6 月 29 日，圆明园遗址公园试开放。

恢复后的涵秋馆“仙人承露”景观

仙人承露台原基址，现存中山公园。

清整前的鉴碧亭基址

复建中的鉴碧亭

早期的圆明园遗址公园范围以原长春园、绮春园为主。1988 年，圆明园管理处对宫门区域进行了清整、修缮，将遗址公园正门设立在此区域，并沿用至今。绮春园内多处遗址在此后被清理、修缮，形成了以涵秋馆、凤麟洲、鉴碧亭、浩然亭等为主的多处游览景观。

鉴碧亭现状

1994 年，藻园遗址发掘现场。

1994 年，北京市文物研究所对圆明园西南隅的藻园、十三所、山高水长等三处遗址进行考古勘探发掘，重点对藻园遗址进行了发掘，明确了藻园建筑范围及规模。这是最早在圆明园遗址内开展的科学考古发掘。

藻园遗址出土的铜钱及“绮交”“翠照”御笔石刻

第二节

三园重开

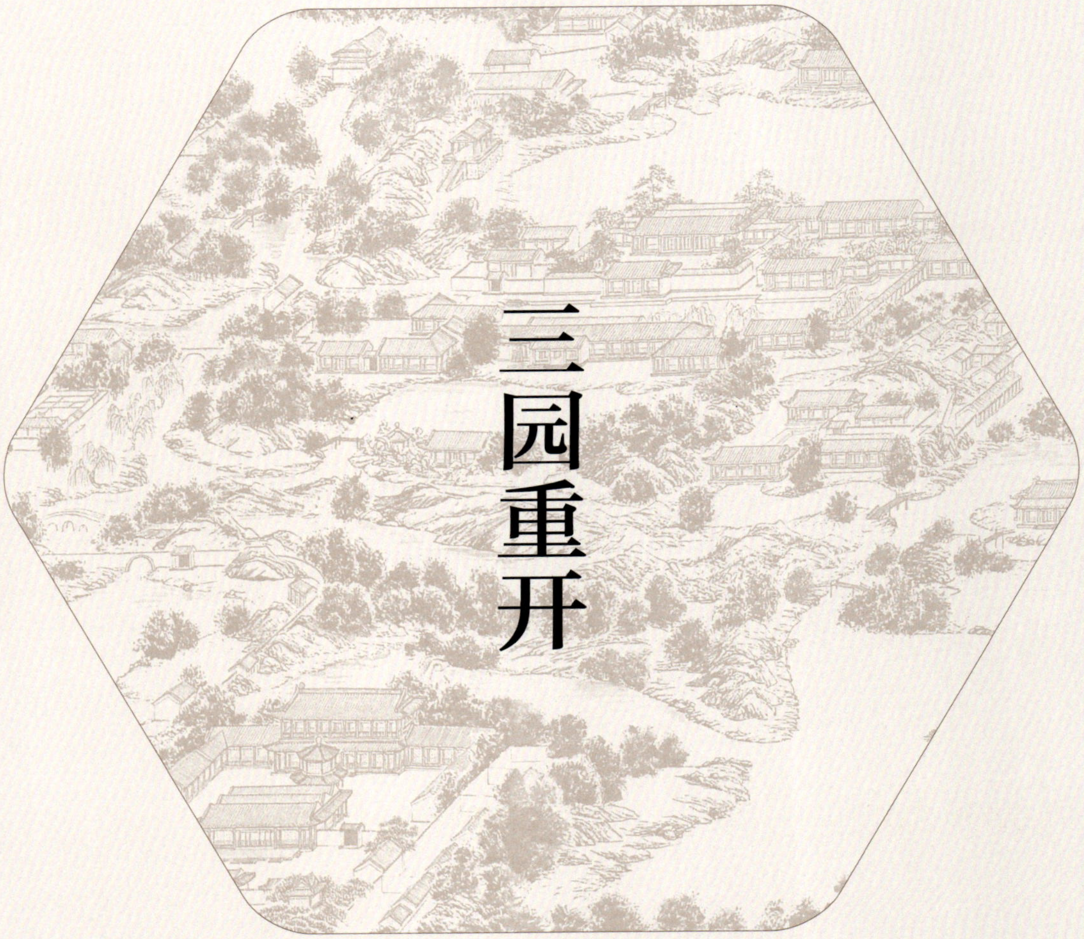

进入 21 世纪，对长春园、绮春园的整治仍在继续。同时，《圆明园遗址公园总体规划》被批准实施。园内住户和驻园单位陆续迁出，圆明三园土地基本收回。西部整治工程进行清运渣石，垒砌驳岸，恢复山形水系，再现花木林泉，基本实现了西部对外开放的目标。

这一时期，圆明三园遗址的考古工作也在有条不紊地进行，以北京市文物研究所为主的科研单位持续在园内进行了大量的考古工作。以含经堂、澹怀堂为发端，开启规模性、计划性考古勘探、发掘圆明园的工程，完成三园范围内近七十处遗址的考古勘探工作，摸清建筑基址概况，尝试进行不同的基址保护方法。根据考古成果复建桥涵，通渠流水。最终得以重开圆明三园，虽再无往日细旃广厦，亭台轩墀，田庐蔬圃，但灌木丛花、巢鸟池鱼、松风水月复可一观。

2000 年圆明园遗址公园规划

（北京市城市规划设计研究院制）

1

长春园宫门区、含经堂发掘与保护

包括长春园南向正宫门和澹怀堂等，澹怀堂为本园正殿，亦称勤政殿。该区域南起宫门前大影壁，北至临河众乐亭，占地约 2.1 万平方米，于乾隆十二年（1747 年）建成。长春园宫门一带，原有居民计 21 户，1999 年 12 月已全部拆迁。2001 年起，由北京市文物研究所进行全面考古发掘清理，清理面积 18500 平方米，揭露出影壁、甬道、朝房、宫门、值房、澹怀堂、排水道等 23 处建筑遗址，后铺设木栈道原状展示。2008 年复建长春园宫门，2009 年长春园宫门区对外开放。

长春园宫门区遗址原有民居

长春园宫门区及南部广场考古现场鸟瞰

长春园宫门区考古发掘现场

澹怀堂大殿基址

复建中的长春园宫门

长春园宫门现状

含经堂遗址发掘现场鸟瞰

含经堂遗址出土玉雕道士头像

含经堂遗址出土玉雕僧人头像

含经堂遗址发掘现场

含经堂位于长春园中心地带，是本园最大的建筑风景群，四围山水环抱，占地约 4.5 万平方米。乾隆十二年（1747 年）基本建成，后又有所增建，是乾隆皇帝“归政娱老”之所。嘉庆十九年（1814 年）在淳化轩东侧又添盖戏台、扮戏房、穿堂房，改建看戏殿，并在东侧长街之外建成多处库房。2001 年，由北京市文物研究所进行全面考古发掘，清理面积 35000 平方米，揭露出南侧广场、含经堂宫门及其院落、北侧寝宫等 51 处建筑遗迹。含经堂遗址的灰土基础，是圆明三园百处景群中保存较为完整的一处。考古发掘完成后又实施了保护工程。

在圆明园历次考古发掘中，含经堂遗址的清理无论是发掘规模、持续时间、成果收获，都是十分突出的，不仅展现出了整个建筑群基址的面貌，还出土了近千件各种类型的文物。

乾隆御笔“搴芝”石刻，现存中山公园。

乾隆御笔“绘月”石刻，现存中山公园。

凤纹陶范拓本

福寿纹陶范拓本

花草纹陶范拓本

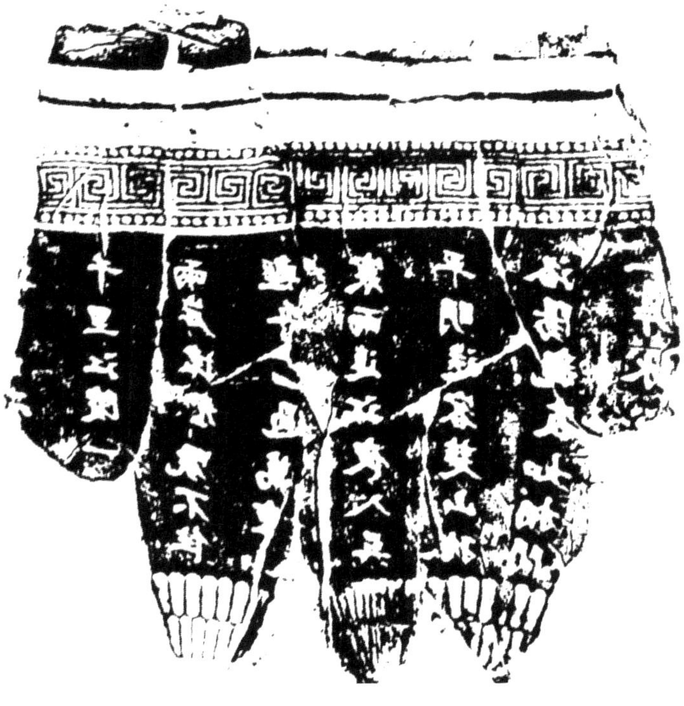

诗文陶范拓本

整修后的含经堂遗址

西部环境整治

20世纪末，北京市海淀区政府开始大力着手拆迁腾退圆明园内居民和驻园单位。自2001年起，针对腾退后的荒地，开始西部重点区域环境整治，清运垃圾渣土，恢复原始地貌。为配合西部环境整治，考古队对西部40余处景观和30余处桥涵进行勘探和重点发掘。经过多次整治、勘探，2008年西部地区（圆明园区域）首次对公众开放，自此，圆明三园全部对外开放。

北 京 市 文 物 局 文 件

京文物〔2004〕36号

关于圆明园遗址西部整治工作的批复

圆明园管理处:

你处《关于03—04年度圆明园遗址保护整治工作拟施项目的请示》（圆政字[2003]75号）收悉。该整治项目已经国家文物局批准。现将批复如下:

一、请你处严格按照国家文物局批复中的要求进行圆明园西部整治。

二、整治的内容应以清运遗址地表上以及园内水系中的垃圾渣土、修整破损泊岸为主，不得扩大整治范围。

三、整治方案中涉及的复建、新建项目需按国家局的要求另行报批。

北京市文物局
对圆明园遗址西部整治工程的批复

国 家 文 物 局

文物保函[2004]2号

关于圆明园西部遗址区环境整治的批复

北京市文物局:

你局《关于圆明园遗址西部景区环境整治的请示》（京文物[2003]1032号）收悉。经研究，我局批复如下:

一、原则同意你局关于圆明园西部遗址区环境整治工作的意见。圆明园西部遗址区的整治应符合《圆明园遗址公园规划》，整治内容应以清运遗址地表上以及水系中的垃圾渣土、加固修整破损驳岸为主。

二、圆明园西部遗址区山形水系的修复应建立在科学的考古发掘基础上，结合历史文献资料，采用各种科学手段，充分发掘历史文化信息，整治过程中不得改变文物原状，不能对遗址造成破坏。圆明园遗址所有复建、新建项目，应纳入到圆明园古建筑复建规划，修复方案另行报批。

三、驳岸的保护应按照考古发掘结果进行，以现状加固为主。在确保不破坏遗址的前提下，可使用传统工艺进行适当的补配，以确保遗址和游客的安全。

四、圆明园西部遗址区绿化应以当地常见植被为主，尽量保留现有植被。

五、请你局具体负责该工程的组织和管理工作，切实保证工程质量，并将环境整治进展情况及时报我局。

此复。

国家文物局

二〇〇四年一月七日

国家文物局对圆明园遗址西部整治工程的批复

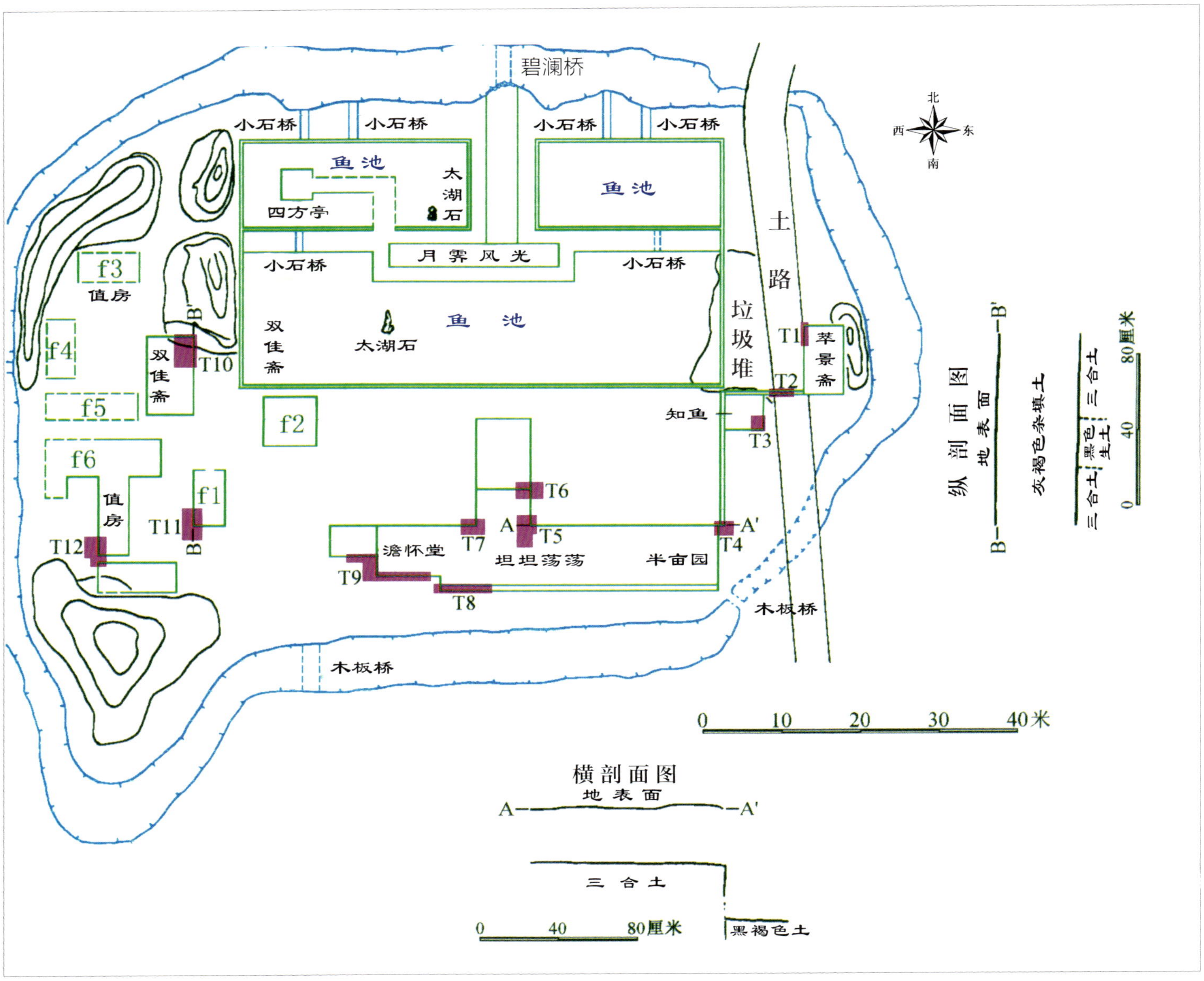
碧澜桥
小石桥
小石桥
小石桥
小石桥
北
西
东
南
鱼池
太湖石
四方亭
鱼池
土路
月霁风光
小石桥
小石桥
f3
值房
鱼池
双佳斋
太湖石
垃圾堆
T1
萃景斋
f4
双佳斋
T10
T2
f5
f2
知鱼
T3
f6
f1
T6
值房
T11
A
T5
A'
T4
T12
T7
澹怀堂
坦坦荡荡
半亩园
T9
T8
木板桥
木板桥
0 10 20 30 40米
纵剖面图
地表面
B
B'
灰褐色杂填土
三合土
黑色生土
三合土
0 40 80厘米
横剖面图
地表面
A
A'
三合土
黑褐色土
0 40 80厘米

坦坦荡荡遗迹平、剖面图

坦坦荡荡南区遗迹清理现场

坦坦荡荡金鱼池铜壶出土现场

整治后的坦坦荡荡金鱼池

杏花春馆位于圆明园后湖西北角，圆明园四十景之一。建自康熙年间，初称“菜圃”。此处矮屋疏篱，环植文杏，春深花发，烂然入霞，雍正题额“杏花春馆”，乾隆年间又有所增改添建。圆明园罹劫后又经多年风雨，杏花春馆遗址为民居村落占据，2000 年全部拆除。2002 年始开展考古勘探，2004 年考古发掘春雨轩、镜水斋、赏趣、涧壑余清、抑斋、翠微堂、水井、土地祠、得树亭、绿云酣、屏岩、甬路、过山道及其他房址等。考古清理后，对重点基址进行贴砖保护。

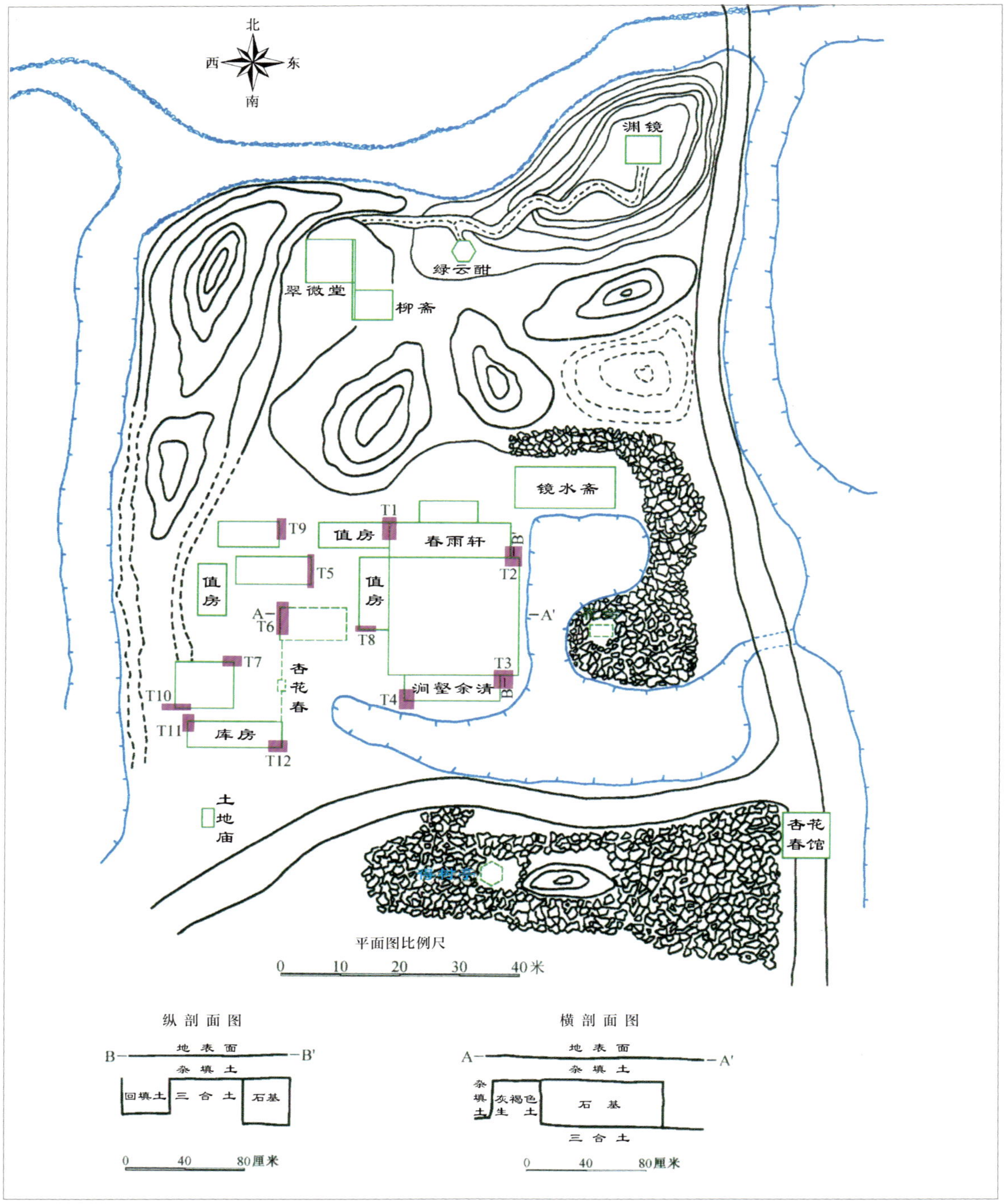

杏花春馆遗迹平、剖面图

杏花春馆原址居民拆迁

清理中的杏花春馆遗址

整修后的杏花春馆遗址

2004年在西部发掘过程中，勘察并发掘桥涵遗址31处，包括鸣玉溪桥、碧澜桥、慈云普护一孔石桥、渔家乐桥、如意桥、南大桥以及22座木桥基址等。这是圆明园被毁后，首次对该园桥涵遗址进行的科学发掘。后依发掘所见形态及文献记载选择性进行部分桥梁复建，或在原基址旁兴建新的桥梁。

九州清晏如意桥基址清理现场

如意桥现状

碧澜桥遗址清理前后

原址出土的乾隆御笔“碧澜桥”桥栏板

复建后的碧澜桥

3

正觉寺修缮工程

正觉寺，位于绮春园南部中间即正宫门之西，与绮春园既有后门相通，又独成格局，单设南门，占地约 1.3 万平方米。其是清帝御园圆明园附属的一座佛寺，俗称喇嘛庙。该寺于乾隆三十八年（1773 年）建成，由山门、天王殿、三圣殿、文殊亭、最上楼、东西五佛殿、东西六大金刚殿、东西转角房及值房组成。山门处有乾隆御书汉、满、藏、蒙文石匾。1860 年及 1900 年，圆明园两度罹劫时，正觉寺因处绮春园墙外而幸免于难，后辗转为不同的驻园单位使用。至 2002 年全部拆迁腾出时，寺内仅残存山门、文殊亭和四座配殿及 26 株古树。

经国家批复，2003 ~ 2004 年启动正觉寺一期修缮工程，范围包括山门、文殊亭、东西五佛殿、东西配殿、西转角房等修缮面积共计 990 平方米；2009 ~ 2011 年二期修缮，包括天王殿、三圣殿、最上楼等，复建建筑面积 2659 平方米。为配合修缮工作，同时开展考古发掘活动，清理建筑基址。正觉寺是目前圆明园唯一一处全面修缮、修复的古建筑群。

2011 年，正觉寺正式对外开放。

正觉寺山门旧照

正觉寺曾被多个单位、厂房及民居占用

国家文物局

文物保函[2004]1222号

关于圆明园正觉寺复建方案的批复

北京市文物局：

你局《关于圆明园正觉寺复建方案的请示》（京文物[2004]533号收悉）。经研究，我局原则同意所报方案。其中建筑油饰彩画的等级、柱高和开间比例等应在进一步搜集、研究相关资料的基础上审慎确定，并报你局审定后实施。请你局加强施工管理，确保工程质量和文物安全。

此复。

二〇〇四年[illegible]

北京市文物局文件

京文物〔2004〕936号

关于圆明园正觉寺复建方案的复函

北京市海淀区圆明园管理处：

你处《关于圆明园正觉寺复建工程的请示》及方案收悉。经上报国家文物局现已批复（见附件），请遵照执行。

此复。

附件：文物保函[2004]1222号

二〇〇四年十月十日

国家文物局、北京市文物局关于正觉寺一期工程的批复

为配合正觉寺天王殿修复工作，北京市文物研究所对天王殿进行考古发掘。

违章建筑拆除中的正觉寺

修缮中的正觉寺

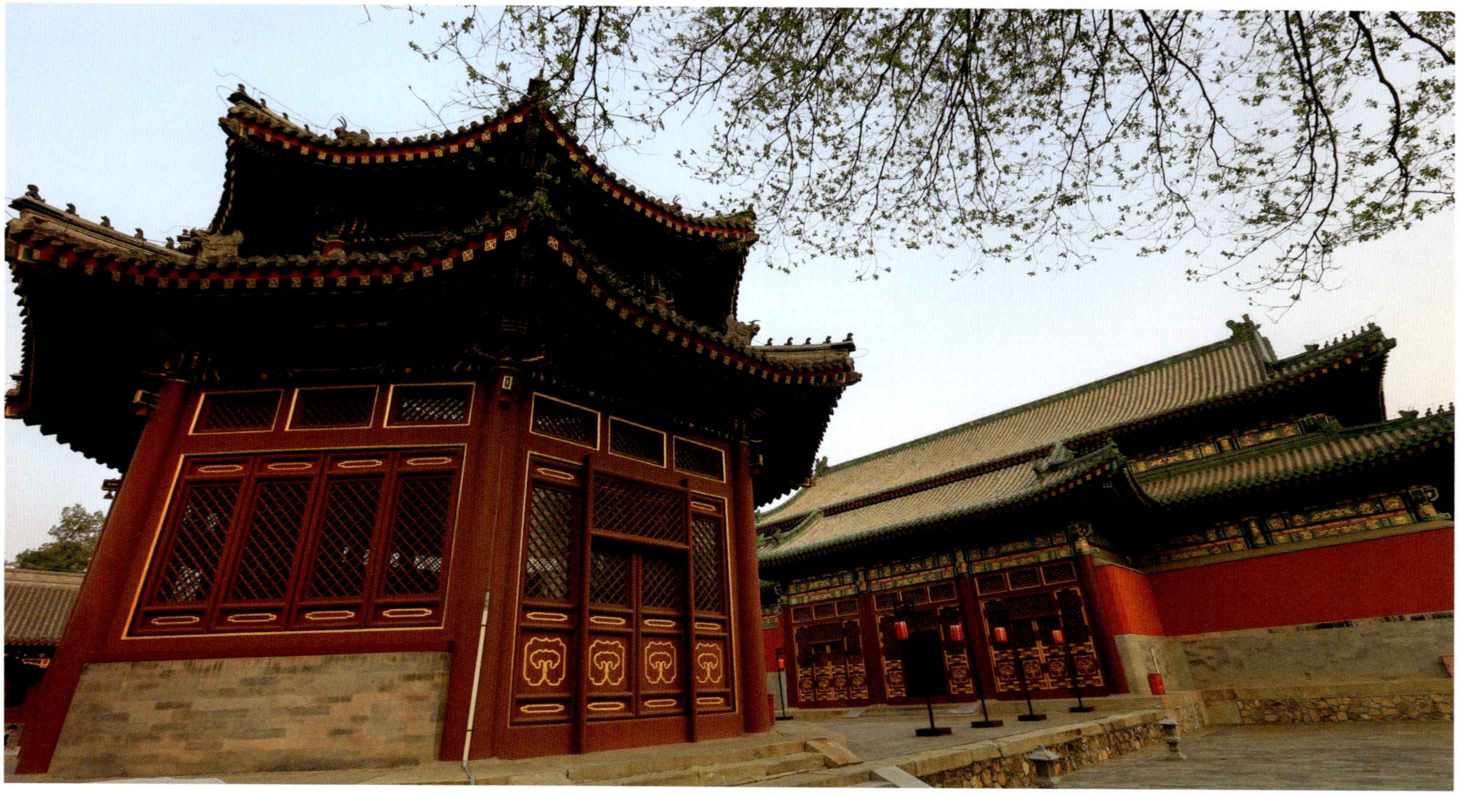

正觉寺现状

4

大宫门考古发掘与遗址保护

大宫门建成于雍正三年（1725 年），是圆明园的正宫门，设内外两道门殿，前曰大宫门，内曰出入贤良门，亦称二宫门。在出入贤良门和大宫门外，分列东西朝房和转角朝房，为六部九卿值所。大宫门门楣悬挂雍正御书“圆明园”匾。此门专供皇帝出入之用。门殿东西分设左门、右门，大臣奉旨入园从左门出入，太监杂役人员从右门出入。

圆明园罹劫后，此区域几经辗转辟为稻田，1998 年福海清淤时将此地垫土植树绿化。2013 年起北京市文物研究所对大宫门区域进行考古发掘，主要集中于北部，清理出大宫门、右门、西朝房、东转角朝房、二宫门、御河、御路、石桥、水闸、地下排水设施等遗存。发掘工作结束后，重点遗址覆保护罩保护。

大宫门遗址发掘现场

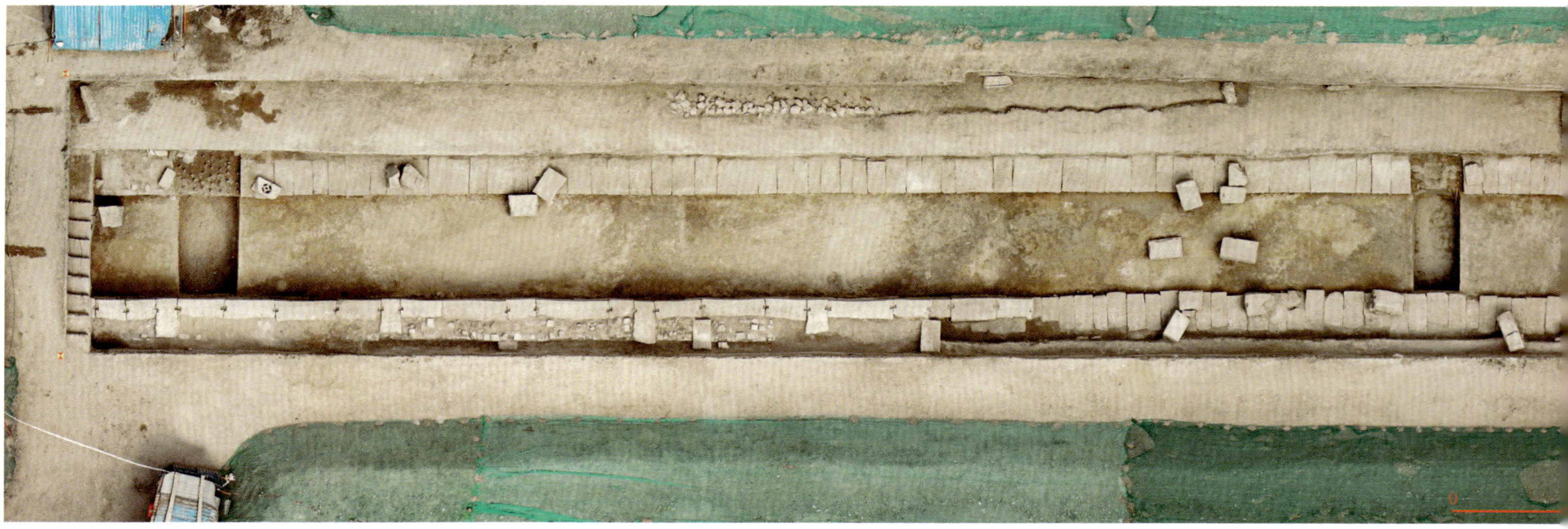

大宫门御河遗址鸟瞰

大宫门宫门遗址

第三节

文物新生

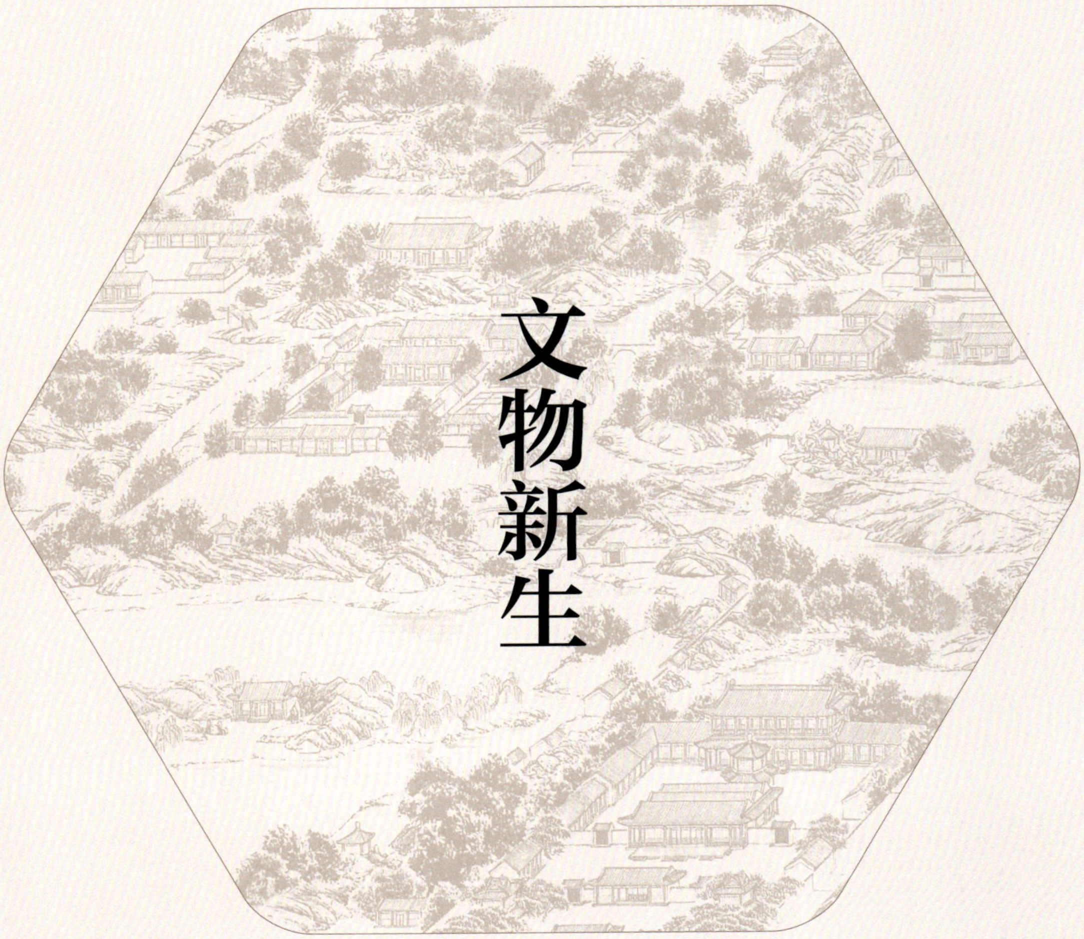

圆明园有诸多精美的文物流失在世界各地，经过多年的清整与发掘，在圆明园深厚的泥土下也发现了星星点点的残缺文物，它们记录了破碎的历史，也缅怀着完整的躯体；友好单位和热心市民也曾捐献圆明园文物，它们记载了流亡的过去，也期盼着归家的团圆。修复破碎的文物，修复破碎的历史，2019 年圆明园管理处启动“修复 1860”文物修复项目，针对出土及回归文物进行有计划的修复。此项目已进行了四期，修复文物近八十件，主要包括各类瓷器，以及部分琉璃、铜器等。修复完好的文物，安放于圆明园博物馆等展示场所展出，将圆明园的文物保护成果与社会分享。

同时，文物数字化保护工作也已开展，其中包括数字化保护、数字化研究及流散文物数字化回归等多项内容，分别对园内遗址、珍贵文物及流散文物进行全景拍摄、三维数据重建等数据采集。圆明园管理处在文物的科技保护方面进入全新领域，为文物的保护与利用开拓更广阔的空间。

铜鎏金嵌宝石西洋钟

清代（1644 ~ 1911 年）

残高 32 厘米

现藏圆明园管理处

* 出土于圆明园万方安和遗址。出土时钟体变形严重，外壳边缘环状装饰脱落、变形。钟表主要材质为铜合金，通体鎏金，表盘饰西洋番花纹饰，镶嵌宝石，下方有两头鹿驮起表盘。根据故宫博物院等收藏机构的同类藏品推测，钟表下部遗失部分较多。此钟表已由故宫博物院修复。

康熙青花团龙纹碗

清代（1644 ~ 1911年）

高9、口径19.2厘米

现藏圆明园管理处

* 出土于圆明园曲院风荷遗址。花口圈足，弧壁，通体施白釉，外壁上饰有十组青花团龙纹样，碗心亦为团龙纹，底款书青花楷体『大清康熙年制』双圈款。此碗由修复人员在285块同类瓷片中经过找拼、清洗、拼对、粘接、补配、抛磨、作色、上釉等步骤完成修复。

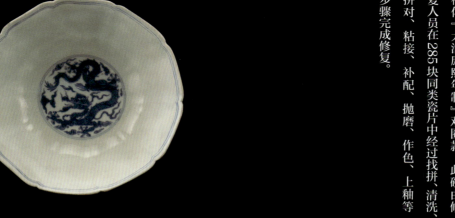

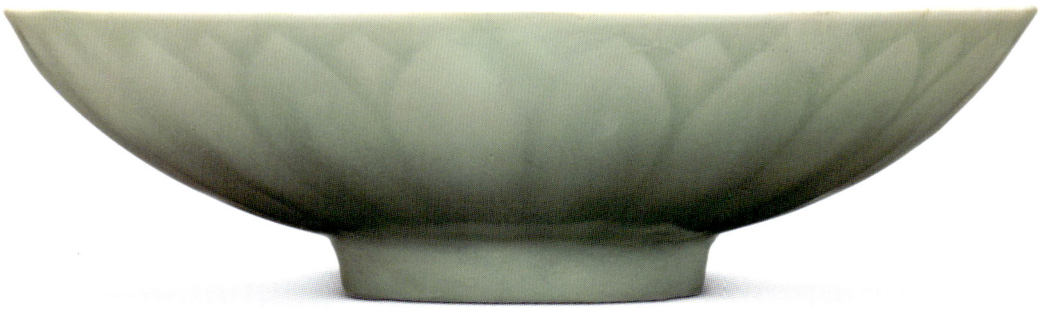

康熙青釉莲瓣纹碗

清代（1644～1911年）

高4.2、口径16.4厘米

现藏圆明园管理处

* 出土于圆明园曲院风荷遗址。广口圈足，外壁凸印一周莲瓣纹，内外施青釉，口沿留白，底款书青花楷体『大清康熙年制』双圈款。该碗由七片碎片进行拼接，后经补配、抛磨、作色、上釉等工序完成修复。

大清康熙年製

康熙青花莲瓣石榴纹碗

清代（1644 ~ 1911 年）

高 10、口径 21.8 厘米

现藏圆明园管理处

* 出土于圆明园曲院风荷遗址。广口圈足，弧壁，外壁饰有青花绘制的莲瓣纹样，内壁满饰青花缠枝花纹，碗底有青花石榴纹。内口饰回纹，外口及圈足各饰海水纹一周。底款书青花楷体『大清康熙年制』双圈款。该碗装饰花纹种类丰富，绘制精细，花瓣纹装饰外壁带有前朝风格特征。

康熙霁蓝釉盘

清代（1644 ~ 1911 年）
高 3.55、口径 14.5 厘米
现藏圆明园管理处

* 出土于圆明园曲院风荷遗址。广口圈足，通体施以蓝釉，口沿处因高温烧造釉层变薄而现出白胎，底款书青花楷体『大清康熙年制』双圈款。霁蓝釉是一种以氧化钴为呈色剂的单色釉，常用于宫廷祭器，因此又被称为祭蓝釉。此盘经修复，现造型规整，釉色均匀润泽。

康熙黄釉绿彩龙纹碗

清代（1644～1911年）
高7、口径15厘米
现藏圆明园管理处

* 出土于圆明园曲院风荷遗址。广口圈足，弧壁，碗内施以白釉，碗壁施以黄釉，并饰绿彩绘制的二龙戏珠纹样，底款书青花楷体『大清康熙年制』双圈款。此碗由修复人员在479块同类碎片中经过找拼、清洗、拼对、粘接、补配、抛磨、作色、上釉等步骤后完成修复。

康熙釉里红夔龙纹碗

清代（1644～1911年）

高6、口径11.1厘米

现藏圆明园管理处

* 出土于圆明园曲院风荷遗址。广口弧壁，圈足底，内侧施以白釉，外侧有釉里红绘制的夔龙纹饰，底款书青花楷体『大清康熙年制』双圈款。清康熙朝已经掌握了铜红的呈色技术，因此釉里红类瓷器烧造得很成功，具有鲜明的时代特色。修复前，该碗共有11片碎片，经清洗、拆解、拼对、粘接、补配、抛磨、作色、上釉等工序后完成修复。

雍正青花碗

清代（1644～1911年）

高7.5、口径13厘米

现藏圆明园管理处

* 出土于圆明园曲院风荷遗址。广口圈足，弧壁，通体施以白釉，碗壁下方饰有一周青花摩尼宝珠纹饰，外口亦有莲花等吉祥纹样，底款书青花楷体『大清雍正年制』双圈款。此碗装饰简洁，花色较浅，整体展现出雍正朝瓷器俊秀的风格。

雕西洋花黄琉璃构件

清代（1644～1911年）
长40、高33厘米
现藏圆明园管理处

* 此件琉璃构件出土于西洋楼遗址，体量较大，通体为黄色。其造型为西式风格，两面均饰有卷曲叶片、内向螺旋等造型。

雕花果纹黄绿琉璃构件

清代（1644～1911年）
长15、高20厘米
现藏圆明园管理处

＊ 此琉璃构件出土于西洋楼遗址，为黄、绿两色。主体为水果造型，一半为绿色枝叶，一半为黄色圆形果实。枝叶造型逼真，果实圆满，十分生动。构件背面为楔形凸出，应为建筑外墙镶嵌的装饰部件。

乾隆御笔《狮子林》诗石刻

清代（1644 ~ 1911 年）
长 125、宽 25、高 65 厘米
现藏圆明园管理处

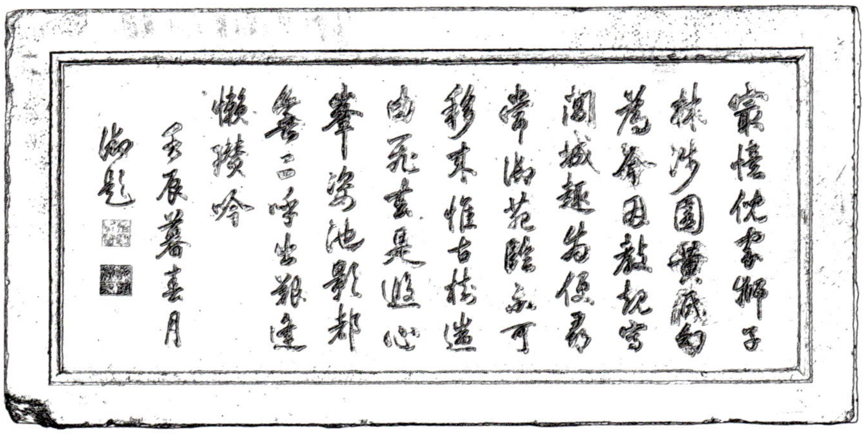

* 狮子林是长春园东北部的一座园中园，仿苏州狮子林而建。在清理遗址时发现并恢复了虹桥、水门、水关三座遗址，出土了大量乾隆御笔石刻。据记载，此件石刻原位于狮子林北部水门之上，汉白玉质地，上有乾隆帝御笔《狮子林》诗。诗曰：『最忆倪家狮子林，涉园黄氏幻为今。因教规写闾城趣，为便寻常御苑临。不可移来惟古树，遄由飞去是遐心。峰姿池影都无二，呼出艰逢懒瓒吟。』御笔为行书字体，点画圆润均匀，婉转流畅，兼有草书韵味。

乾隆御笔『熙春洞』石匾

清代（1644 ~ 1911 年）
长 108、宽 23、高 45 厘米
现藏圆明园管理处

* 乾隆御笔『熙春洞』石匾原为长春园泽兰堂中一石室匾额。泽兰堂位于长春园北侧，与西洋楼毗邻，这里的假山叠石颇佳，营造出自然、清幽的园林景观。泽兰堂翠交轩前，石室洞门上有『熙春洞』石匾额。石匾四周饰有莲瓣纹，中间为乾隆皇帝御笔『熙春洞』，上方为皇帝印章。2019 年 4 月 19 日，中国民主同盟中央委员会将此石匾捐赠给圆明园管理处。

观水法石屏风（数字化扫描成果）

* 观水法位于西洋楼景区中部，长春园南北主轴线上，乾隆二十四年（1759年）建成，是清代帝王欣赏大水法喷泉的地方。观水法正中石台上设宝座，后面是由五件石雕并列而成的大型石屏风，分别雕刻西洋军旗、甲胄、刀剑、枪炮图案。围屏东西侧各列汉白玉方塔一座，再向外侧各有一座巴洛克式西洋门。乾隆五十八年（1793年），马戛尔尼曾于此观看水法。观水法屏风曾流落至朗润园，1977年回归并原位归安。

『断桥残雪』石牌坊（数字化扫描成果）

清代（1644～1911年）
高380、宽350厘米
现藏北京大学

* 圆明园原汇芳书院问津一景东，有跨溪小桥，桥东立一东西向石牌坊，乾隆二十八年（1763年）御笔题额『断桥残雪』，仿杭州西湖同名景观。

* 石坊坊楣阳面为乾隆御题的『断桥残雪』，阴面刻有乾隆御制诗：『在昔桥头密雪铺，举头见额忆西湖。春巡几度曾来往，乃识西湖此不殊。』题字与诗文两旁分别雕刻有四季花卉，坊楣雀替处为缠枝花纹，雕花精细。坊柱一面刻『杨柳似合烟幂䍥，楼台仍积玉嵯峨。』另一面刻『连村画景张横幅，着树梅花发野□（桥）』。1860年之后曾流落至朗润园，2012年北大修缮朗润园时重新发现该石坊。

西洋楼石构件（数字化扫描成果）

华表（数字化扫描成果）

清代（1644～1911年）

通高840、直径80厘米

现藏北京大学

* 此华表原位于圆明园安佑宫前，今在北京大学西门内。华表为汉白玉雕刻，柱身表面浮雕流云，中间一条飞龙盘旋而上。柱顶上部横插着一块云片石，顶部蹲坐石吼。这对华表原位于圆明园鸿慈永祜（安佑宫）前，原有四根。燕京大学1925年建校舍时将其中三根运至燕园，两根竖立于办公楼前，1931年将另一根转交给国立北平图书馆。

如园遗址正射影像图
（数字化扫描成果）

* 如园位于长春园宫门东侧，乾隆三十二年（1767年）建成，仿南京瞻园，即明代中山王徐达西花园。嘉庆十六年（1811年）曾大规模重修，形成如园十景。

* 2011～2017年，对如园遗址进行了勘探和考古发掘，面积达3800平方米。此次工作揭露出完整的园林布局、路网系统，经与文献对比，其形制、格局、工程做法等与嘉庆时期特征一致。出土御笔石刻、玉器等文物近千件。根据考古成果，结合文献及图纸记录，圆明园管理处委托北京大学考古文博学院对如园进行数字化复原，再现当年胜景。

肆

兽首归藏 百年梦圆

1860 年，英法联军将圆明园付之一炬，曾经的“万园之园”灰飞烟尽、满目疮痍，园内大量珍贵文物被毁坏、劫掠。在随后的动荡岁月里，圆明园遗物依旧不断外流。从此，曾经属于圆明园的珍宝出现在了欧洲宫廷、私人庄园，被拍卖、转售，开始漂泊异乡，其中就包括结合中西方文化特色的十二生肖铜兽首。曾经被赋予美好寓意的海晏堂也逐渐失去了往日的熠熠光辉。

彼时散去，圆明悲歌，国之伤痛。

1949 年后，中国政府始终致力于流失文物的追讨工作，信心坚定地走在促进文物回归的道路上。同时，社会各界也十分关心我国文物回流情况，通过各种方式支持着文物回家。2020 年，马首作为第一件回归原属地的圆明园海外流失文物，牵动了亿万国人心弦，更为圆明园流失文物的回归开启了新的篇章。如今九州四海重返，河清海晏，圆明园遗址也展现出新时代文化魅力。

兽首此时归来，盛世华章，国之复兴。

圆明园兽首铜像原为海晏堂十二生肖喷泉构件，1860 年被英法联军劫掠后流失海外。生肖铜兽首由西洋传教士郎世宁等人设计，中国工匠制造，融合了东西方文化特色，形态逼真，表现细腻，展现出高超的工艺水准。

海晏堂兽首以中国传统的十二生肖为原型，共计十二尊，呈“八”字排开，南面依次为鼠、虎、龙、马、猴、狗，北面依次为牛、兔、蛇、羊、鸡、猪。每种动物按照各自所属时辰轮流喷水，具有报时功能。每一兽首人身像身着各式中式袍服，手持不同器物。

海晏堂平面布局为东西矩形，由朝西正楼十一间、后工字蓄水楼及正门前、楼南楼北诸喷泉群组成，是西洋楼景群最大的一处园林景观，于乾隆二十四年（1759年）基本建成。

海晏堂以其精美宏大的建筑和大型喷水池著称。海晏堂建筑外部设有繁复的装饰元素，包括彩色琉璃和各类石雕。楼西侧设有坡道，水从二层平台石鱼口中吐出，顺势汇入下方扇形水池。水池中有一巨型石雕贝壳，两侧则为著名的十二生肖喷泉，按时辰喷水报时。

西洋楼铜版画之海晏堂

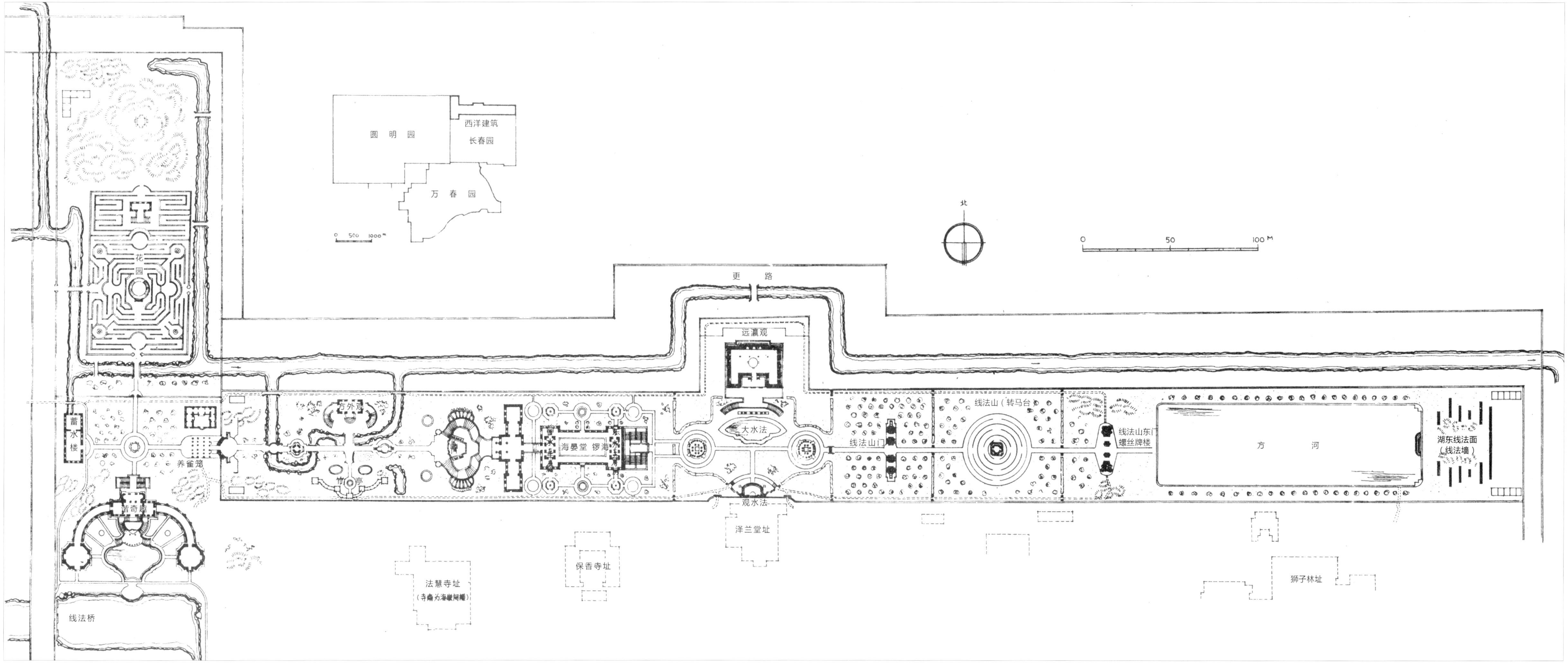

长春园西洋楼遗址平面图

海晏堂平面布局为东西矩形，由朝西正楼十一间、后工字蓄水楼及正门前、楼南楼北诸喷泉群组成，是西洋楼景群最大的一处园林景观，于乾隆二十四年（1759 年）基本建成。

海晏堂以其精美宏大的建筑和大型喷水池著称。海晏堂建筑外部设有繁复的装饰元素，包括彩色琉璃和各类石雕。楼西侧设有坡道，水从二层平台石鱼口中吐出，顺势汇入下方扇形水池。水池中有一巨型石雕贝壳，两侧则为著名的十二生肖喷泉，按时辰喷水报时。

西洋楼铜版画之海晏堂

海晏堂西面十

马首铜像

清代（1644～1911年）
长40.7、宽28、高39.3厘米
何鸿燊先生捐赠
现藏圆明园管理处

* 马首铜像原为圆明园海晏堂西侧十二生肖兽首喷泉构件，1860年英法联军焚毁圆明园时被劫掠，流失海外。2007年8月，国家文物局获悉马首铜像将在香港拍卖，随即与相关机构开展合作，积极推动文物回归。9月，港澳知名企业家、爱国人士何鸿燊先生了解情况后，以高度的家国情怀与责任担当，出资购买马首铜像。在国家文物局的协调下，2019年正值中华人民共和国七十华诞，何鸿燊先生将马首铜像正式捐赠国家文物局。随后，国家文物局将马首划拨北京市海淀区圆明园管理处收藏，为马首铜像百年回归路画上完满句号。
* 马首铜像融合了东西方艺术理念与设计风格，以精炼红铜为材，色彩深沉厚重，采用失蜡法一体铸造成型，展现出极高的工艺水准。

鼠首铜像

清代（1644～1911年）
长35.5、宽24.7、高28厘米
法国皮诺先生捐赠
现藏中国国家博物馆

* 鼠首人身像原为圆明园海晏堂西侧十二生肖兽首喷泉构件，1860年英法联军焚毁圆明园时被劫掠，流失海外，现像身无存。据清宫铜版画可知，其原手持笏板。2009年，鼠首铜像曾在法国佳士得拍卖会上现身。2013年，法国皮诺家族将鼠首铜像捐赠给中国。

牛首铜像

清代（1644～1911年）
长47、宽44、高44厘米
现藏保利艺术博物馆

＊ 牛首人身像原为圆明园海晏堂西侧十二生肖兽首喷泉构件，1860年英法联军焚毁圆明园时被劫掠，流失海外，现像身无存。据清宫铜版画可知，其原手持拂尘。2000年，牛首铜像出现在香港佳士得和苏富比的拍卖会上，中国保利集团公司所属保利艺术博物馆排除各种困难和阻力将其收回。

虎首铜像

清代（1644 ~ 1911 年）

长 30、宽 37、高 40 厘米

现藏保利艺术博物馆

＊ 虎首人身像原为圆明园海晏堂西侧十二生肖兽首喷泉构件，1860 年英法联军焚毁圆明园时被劫掠，流失海外，现像身无存。2000 年，虎首铜像出现在香港佳士得和苏富比的拍卖会上，中国保利集团公司所属保利艺术博物馆排除各种困难和阻力将其收回。

兔首铜像

清代（1644～1911年）
长51.5、宽23、高29厘米
法国皮诺先生捐赠
现藏中国国家博物馆

* 兔首人身像原为圆明园海晏堂西侧十二生肖兽首喷泉构件，1860年英法联军焚毁圆明园时被劫掠，流失海外，现像身无存。据清宫铜版画可知，其原手持折扇。2009年，兔首铜像曾在法国佳士得拍卖会上现身。2013年，法国皮诺家族将兔首铜像捐赠给中国。

猴首铜像

清代（1644～1911年）
长30、宽46、高36厘米
现藏保利艺术博物馆

＊ 猴首人身像原为圆明园海晏堂西侧十二生肖兽首喷泉构件，1860年英法联军焚毁圆明园时被劫掠，流失海外，现像身无存。据清宫铜版画可知，其原右手持一环，左手持笔。2000年，猴首铜像出现在香港佳士得和苏富比的拍卖会上，中国保利集团公司所属保利艺术博物馆排除各种困难和阻力将其收回。

猪首铜像

清代（1644～1911年）

长30、宽34、高40厘米

何鸿燊先生捐赠

现藏保利艺术博物馆

* 猪首人身像原为圆明园海晏堂西侧十二生肖兽首喷泉构件，1860年英法联军焚毁圆明园时被劫掠，流失海外，现像身无存。据清宫铜版画可知，其原手持弓箭。2003年，原全国政协常委、香港信德集团董事局主席何鸿燊先生出资，从美国收藏家手中购回圆明园猪首铜像，并捐赠给保利艺术博物馆。

结　语

三百年回望，帝苑繁华，斋居理政悟“圆明”。

一百五十年回溯，干戈满地，万间宫阙皆做土。

五十年回顾，筚路蓝缕，残痕之上添锦绣。

出现在圆明园遗址上的这座博物馆，给予人们的将是跨越时间长河所带来的感触，在这里，沧桑过往由文物讲述，岁月峥嵘记录在遗址之间。一座园林的历史，见证了几百年国之变迁，一座博物馆的出现，浓缩了几代文博人的艰辛。

未来，我们将立足于博物馆，着力挖掘与阐释文物资源价值，深入贯彻落实“保护第一，加强管理，挖掘价值，有效利用，让文物活起来”的新时期文物工作方针，让散落在三山五园间的文物资源重新凝聚，让历史文化遗产“活起来”“存下去”。

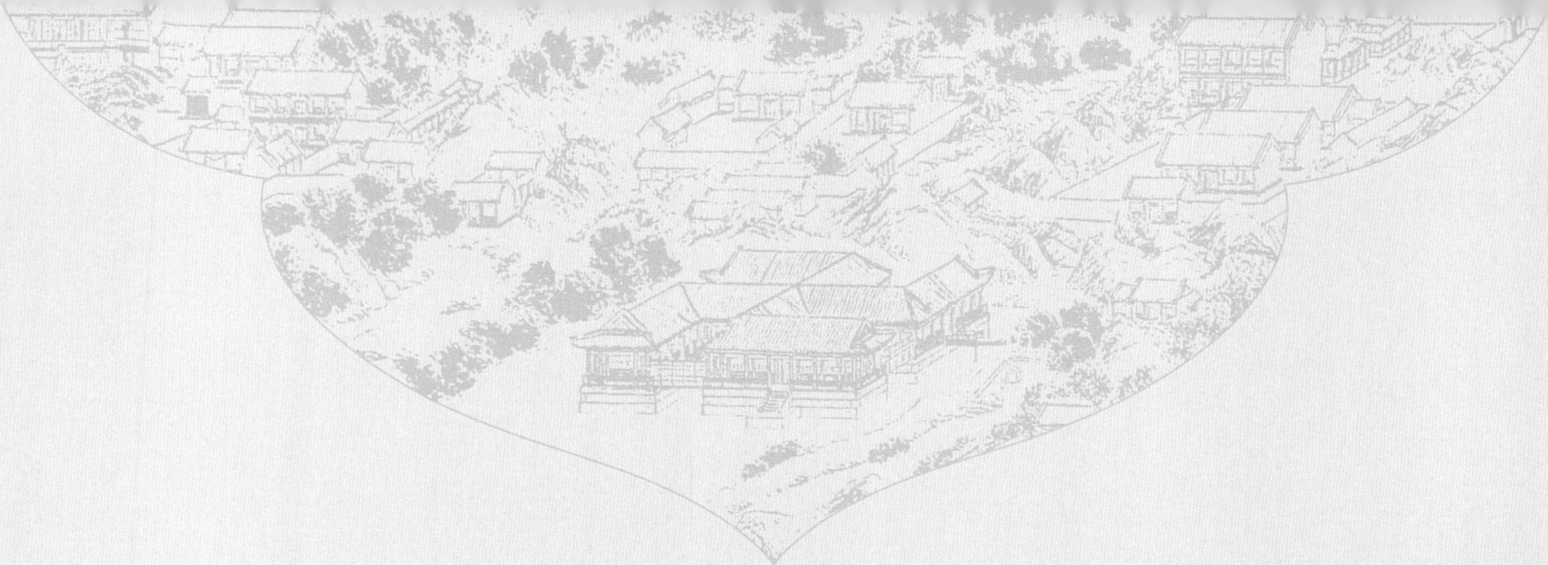

圆明园流散文物回归大事记

1977 年

北京大学捐赠流失于北京大学校园内的观水法石屏五件和汉白玉石鼎两件。

北京大学捐赠流失于北京大学校园内的“柳浪闻莺”坊楣。

1981 年

北京大学捐赠流失于北京大学校园内的绮春园流杯亭基座及导流石槽。

1987 年

中国民主同盟中央委员会捐赠流失于翠花胡同的谐奇趣菊花式喷水池。

2002 年

市民牛凤珍、陈天赐捐赠青花瓷盆、粉彩花盆、木框小镜子。

2006 年

北京教育网络信息中心捐赠流失于西城区地安门大街 153 号的汉白玉石构件八件。

中共中央组织部机关事务管理局捐赠流失于西单横二条 34 号院内的石鱼一对。

2007 年

市民于国勋捐赠流失于海淀区展览路的云凤纹柱头。

市民陈达顺捐赠流失于海淀区水磨新区 2 排的龙头石构件。

2008 年

国务院国有资产监督管理委员会石化机关服务中心捐赠流失于西城区西交民巷 87 号的石狮一对、雕花石洗四件、雕花石墩一件、雕花石桌一件。

2009 年

流失于骚子营北京大学燕北园的圆明园柱顶石十九件、大墙砖十二件、条石等十四件回归。

市民靳风捐赠流失于海淀区前八家西区 14 号的须弥座两件。

2010 年

国务院国有资产监督管理委员会石化机关服务中心捐赠流失于北新华街 112 号的圆明园石刻文物十三件。

2013 年

总参信息化部捐赠流失于海淀区田村山南路 17 号的石质文物八件。

2018 年

中国民主同盟中央委员会办公厅捐赠流失于东城区东厂胡同北巷 1 号的乾隆御笔“熙春洞”石匾和嘉庆御笔《称松岩》诗刻石。

海淀区清河街道捐赠石质螭首四件。

2019 年

北京市总工会捐赠清代石刻文物八件，市民陈开斌捐赠铁质文物两件。

2020 年

国务院国有资产监督管理委员会轻工机关服务中心捐赠流失于北京市西城区前孙公园胡同 31 号院的狮子林太湖石及基座。

附录

圆明园同乐园清音阁戏楼钩沉 *

兼论清宫三层戏楼的空间使用特征及其成因

张　龙　吴晗冰　张芝明　张凤梧

戏曲欣赏是中国传统社会生活的主要娱乐方式之一，其演剧空间也有着悠久的发展历史，形式丰富多样，其中规模最大、空间最复杂的当属皇家三层戏楼。在清宫历史上曾出现过五座三层戏楼，依次是圆明园同乐园清音阁、避暑山庄福寿园清音阁、紫禁城寿安宫大戏楼和宁寿宫畅音阁，以及颐和园德和园大戏楼。这种三层戏楼提供了多元化的出入场方式，立体化的演出空间，极大丰富了戏剧演出的舞台效果。

2012 年笔者所在团队受颐和园管理处委托，全程跟踪德和园大修工程并开展相关课题研究，在全面收集整理清代三层戏楼档案材料的过程中，发现了圆明园同乐园清音阁未曾被关注的变革。进而依托《升平宝筏》等连台剧本与德和园大戏楼、故宫畅音阁升降舞台机械设施实物遗存，以及重修圆明园同乐园清音阁的相关样式雷图档，探讨了这种三层戏台的空间特征及其形成的动因。

一　同乐园戏楼的形象材料分析

同乐园位于圆明园中路后湖东北岸坐石临流景区内，是节日庆典、帝后寿辰、宴请使节及王公大臣时举行大型观演活动的重要场所 [1]。自其建成至焚毁，历代皇帝均有使用，留下了一系列能反映其形制变迁的档案材料。本文依次分析如下。

1.《圆明园四十景图》之坐石临流中的同乐园戏楼

在探讨四十景图中同乐园戏楼形象前，首先要明确该图所绘的同乐园戏楼是哪个时期的戏楼。圆明园始建于康熙末年，初为皇子赐园，雍正帝继位后，不断完善园居功能，扩大规模，增加景观。乾隆朝踵事增华，添修了月地云居、鸿慈永祜、汇芳书院、方壶胜境、涵虚朗鉴，并对局部景观和建筑进行修整 [2]。与此同时，乾隆皇帝命沈源等宫廷画师绘制圆明园图景册页，乾隆六年（1741 年）三月添绘方壶胜境、蓬岛瑶台、慈云普护。乾隆九年九月，抽换安佑宫、汇芳书院、清净地、前垂天贶四处画样 [3]，绘成建筑极具写实风格的《圆明园四十景图》。

* 本文系天津市应用基础与前沿技术研究计划青年项目《京津地区传观演空间研究》（编号：14JCQNJC07700）及国家社会科学基金重大项目《中国古代建筑营造文献整理及数据库建设》（编号：14ZDB025）阶段性研究成果。

1　［清］吴振棫《养吉斋丛录》童正伦点校，页 184，中华书局，2005 年。

2　张凤梧《样式雷圆明园图档综合研究》页 43，天津大学博士学位论文，2009 年。

3　中国第一历史档案馆编《清代档案史料——圆明园》，页 1252 ~ 1303，上海古籍出版社，1991 年。

据档案记载，同乐园早在雍正四年(1726年)就已经建成[4]，乾隆二年更新同乐园匾额[5]。

综合以上信息可以推断，同乐园始建于雍正朝，乾隆初 年只是对其匾额进行了更新调整。因此，《圆明园四十景图》之“坐石临流”中的同乐园也应为雍正朝所创建的格局与形象。

仔细辨别此时的同乐园戏楼及其周边建筑，不难发现该戏楼第三层檐下空间低矮，柱间为横披窗，与同治朝重修烫样，以及德和园大戏楼、畅音阁三层的擎檐廊做法不同，虽 其外显三层檐，内部并无三层空间可用；扮戏楼面阔五间卷棚悬山顶，不同于后期图像材料中的歇山顶；戏楼南侧的后楼面阔三间，与后期图像材料中的九间明显不同。

2. 乾隆中期圆明园全图中的同乐园地盘图

据考证，这张全图的底图绘于乾隆四十四年，并持续更改添绘至道光十一年(1831年)，图中同乐园部分未见改动痕迹，反映了同乐园在乾隆中期的平面格局。从图中可以明显地看到戏楼南侧的后楼为面阔九间，与四十景图册中的面阔三间的后楼明显不同。

3. 道光十八年拟拆改同乐园清音阁地盘图

根据中国国家图书馆现存同乐园相关图档来看，道光十八年(1838年)曾对同乐园进行过一次大修工程。其中图档国021-001中翔实记录了清音阁戏楼及后楼的现状勘察信息：戏台一座每面各显三间……下层柱高一丈三尺八寸……中层檐柱高一丈一尺六寸……上层擎檐柱高八尺五寸。

戏台正中贴有“拆去”二字的图签，后楼山墙上直接题写“歇山”二字。

国021-009除记录了戏台、扮戏楼各层面阔、柱高，还标注了扮戏楼下檐硬山、上檐歇山，也透露了戏台部分三层贯通的空间结构形式。

国021-002拟将戏台改为二层，后又标注“照旧要三层”五个大字。

不管道光十八年这次大修是否将戏台改为二层，但这些图档所反映的拆改前的信息都应是乾隆朝戏楼形制的真实记录。

4. 同治朝重修同乐园烫样

从该烫样来看，同乐园清音阁戏台三层为擎檐廊，扮戏楼两层歇山顶，后楼九间两层歇山顶，这些信息与之前两种材料是一致的。

5.《实测圆明园长春园、绮春园遗址形势图》

1933年12月，北平市政府工务局对圆明园“进行地形测量工作，刨土搜求遗址，依据原建筑详确方位”，并“依据现有建筑基础之遗迹为准”绘制了《实测圆明园长春园、绮春园遗址形势图》，后于1936年11月付印。经过比对，该图所反映的同乐园遗址与道光

4 雍正四年八月初五日造办处活计档(铜作)：“铺面房、同乐园净房内炉上，着配做红铜丝炉罩。”前揭《清代档案史料——圆明园》，页1178。

5 乾隆二年十月初一日造办处活计档(油漆作)：“将圆明园同乐园戏台上旧有匾额字样(景物常新)……缮写字样折片一件持进，交太监毛团、胡世杰呈览。奉旨：匾另见新收拾，其对联仍用旧字样。”前揭《清代档案史料——圆明园》，页1249。

朝样式雷图档所绘的建筑格局基本一致。

二 乾隆朝改建同乐园戏楼的推断

综合上述材料，可以清晰地发现，乾隆四十四年之后的材料中所反映的戏楼信息是一致的，戏台三层为擎檐廊，具有实际的空间功能，扮戏楼为歇山顶，后楼面阔九间亦为歇山顶。这些特征与绘制于乾隆九年前的圆明园四十景图之坐石临流中的戏楼明显不同。

据清档案记载，乾隆二十七年十月二十六日：同乐园新改楼下南墙上原贴通景盖颜色脱落。乾隆二十八年二月初二日：同乐园大戏台地井内榆木架上顶梁二根，松木板二块，俱各损坏，请交该作照样换做新的，再添做铁托板四块，随红毛钉。乾隆二十九年五月二十五日：同乐园戏台上应用现有小铜滑车八件，交该作改铸大滑车四件，俱随铁绊招子，以备应用[6]。

从以上三条信息可以看出，乾隆二十七年之前，同乐园戏楼的戏台已有地井、天井，而高密度的演出也使得地井中的构件受损，特殊演出的需求要求更换体量更大的滑车。

据清宗室礼亲王昭梿（1776 ~ 1829 年）《啸亭续录》记载[7]：

乾隆初，纯皇帝以海内升平，命张文敏（照）制诸院本进呈，以备乐部演习，各节相时奏演……演唐玄奘西域取经事，谓之《升平宝筏》，于上元前后日奏之。其后又命庄恪亲王谱蜀、汉《三国志》典故，谓之《鼎峙春秋》。

文中提到的张文敏（照）生于康熙三十年（1691 年），卒于乾隆九年（1744 年），是宫廷音乐戏曲作家，乾隆年间与庄亲王允禄共同主持续修康熙御制音乐著作《律吕正义》。而庄恪亲王允禄生于康熙三十四年，卒于乾隆三十二年，乾隆七年总理乐部事，十八年授议政大臣[8]。他们所主持改编的剧本中演员的演出方式与三层戏台的空间关系有着对应关系（详见下文）。也就是说，这样的剧本只能在上下三层贯通而且还有地井装置的戏台进行演出。根据张照的生卒年代和庄恪亲王允禄总理乐部事的时间，上文记载的乾隆初年应在乾隆元年至乾隆十八年（1736 ~ 1753 年）之间。

由此可以推断，在乾隆九年圆明园四十景定稿至乾隆十八年（1753 年）之间，同乐园曾进行过规模较大的改造工程，具有了天井、地井和升降装置，可实现贯通三层的演出，以备《升平宝筏》《鼎峙春秋》等连台剧本演出。而这种三层贯通的演出空间应是乾隆朝的一种创新。

6 前揭《清代档案史料—— 圆明园》，页 425、436。
7 ［清］昭梿《啸亭续录》卷一 <大戏节戏>，冬青点校，页 267，中华书局，2012 年。
8 万依《故宫辞典》，页 526、494，文汇出版社，1992 年。

9 丘慧莹《乾隆时期戏曲活动研究》页193，台北：文津出版社有限公司，2000年。

10 ［清］张照《升平宝筏》（善本），中国国家图书馆藏。

三 三层戏楼的空间使用特征

（一）出入场方式多元化

传统戏剧演出，一般只有出将、入相两门与后台相连，而这种三层戏楼则提供了多元化的出入场方式。正如连台剧本《劝善金科》卷首“凡例”所揭示的：“从来演剧，唯有上下二场门。大概从上场门上、下场门下……若夫上帝神祇、释迦仙子，不便与尘凡同门出入，且有天堂必有地狱，有正路必有旁门，人鬼之辨亦应分晰。”而《昭代箫韶》在其“凡例”中则强调：“剧中有上帝、神祇、仙佛及人民、鬼魅，其出入上下，应分福台、禄台、寿台及仙楼、天井、地井。”9 经乾隆朝改造后的同乐园戏楼就从建筑结构及舞台构造上保障了出入场方式多元化的要求。

根据同乐园戏楼样式雷图档，德和园大戏楼、宁寿宫畅音阁内部升降装置的实物遗存，以及《升平宝筏》《鼎峙春秋》等剧本关于剧中人物出入场方式的描述，这种三层戏台的出入场方式至少包括以下几种：

（1）第一层台（寿台）两侧出入场门；

（2）第一层台上仙楼两侧出入场门；

（3）第二层台（禄台）两侧出入场门；

（4）第三层台（福台）两侧出入场门；

（5）从天井出入场（包括中央天井以及禄台与寿台间的四隅天井、左右天井）；

（6）从地井出入场。

其中，不同的出入场方式又可交互使用，如从天井入、地井下等，依据角色身份的不同自由创作。如乾隆年间以《西游记》为原本创作的《升平宝筏》10，其庚本第二十四出《缚魔归正许修持》讲述了悟空三借芭蕉扇与牛魔王相斗的故事。剧中先后有二十七个不同人物出场，随着剧情发展，出入场方式各不相同。如开场牛魔王从寿台上场门上，两方相斗，玉面姑姑死，从地井下。孙悟空化身凤凰，追牛魔王化身的白鹤，从仙楼上至禄台。天兵天将来相助，从四隅天井乘云兜下或从左右天井下至仙楼上，观音菩萨则乘云兜从中央天井下。通过这一系列人物出入场方式的变换，孙悟空、牛魔王、众天神等虚拟人物的神通广大被渲染得淋漓尽致，而这正是传统戏曲舞台所不具备的。

（二）演出活动的立体化

三层大戏台除提供了多元化的出入场方式外，也提供了多个竖向叠加的表演平台，包括福台、禄台、寿台及其后部的仙楼，而各台之间又可通过贯穿的天井往来穿梭，更可借由天井垂下的云兜、云椅、云勺或云板等道具创造更宏大丰富的竖向空间。这些装置以绳牵引，通过铜滑车（滑轮）缠绕到贯架上，转动贯架就可得以提升或下降。同时，寿台上还设有六个地井，中间一个大井，周围五个小井，同样通过铜滑车、贯架、铁挺等装置，利用相似的原理，就可实现类似现代升降舞台的效果。

此外，丰富的道具更进一步打破了以往戏剧扁平化的演出方式。天井可升降彩人、砌末、施放火彩，大型切末也可借地井升上寿台，正如样式雷图档中描绘的地涌金莲，当机关开动，一朵盛开的莲花将从地井升起。地井里还安装有喷水设备，可以实现“水帘洞”的舞台效果。

清宫大戏在三层戏台演出时的壮观场面，正如赵翼（1727 ~ 1814 年）《檐曝杂记·大戏》所载[11]：戏台阔九筵，凡三层，所扮妖魅，有自上而下者，自下突出者，甚至两厢楼亦作化人居，而跨驼舞马，则庭中亦满焉……至唐玄奘僧雷音寺取经之日，如来上殿，迦叶、罗汉、辟支、声闻，高下分九层，列坐几千人，而台仍绰有余地。

11 ［清］赵翼《檐曝杂记》，李解民点校，页 11，中华书局，1982 年。

12 叶长海：《中国传统戏剧的艺术特征》，《戏剧艺术》1998 第 4 期，页 90 － 97。

13 ［英］马戛尔尼（刘半农译）：《乾隆英使觐见记》中卷，页 38 － 41，中华书局，1916 年。

14 朱诚如主编《清史图典·乾隆朝（下）》，页 413，紫禁城出版社，2002 年。

四　三层戏楼空间形成的动因分析

1. 宫廷演剧对闹热性的追求

我们在总结中国戏剧表演特征时，常常会用写意性或虚拟性来概括，演员在没有景物造型的舞台上，凭借深厚的表演功底，运用虚拟的动作调动观众的想象，形成特定的戏剧情形和舞台形象，如三五步走遍天下，六七人百万雄兵[12]。而实际上，中国传统戏剧同时也存在不懈追求闹热性的一面，无论民间还是宫廷，戏剧演出都是节日、庆典时的重要活动，其主要目的就是制造热闹的气氛。如乾隆五十八年，英使马戛尔尼在其日记中记录了宫廷剧演出的热闹与壮观场面[13]：至最后一折则为大神怪戏……开场时，乾宅坤宅各夸其富，先由大地氏出所藏宝物示众，其中有龙、有象、有虎、有鹰、有鸵鸟，均属动物……大地氏夸富未几，海洋氏已尽出其宝藏，除船只、岩石、介蛤、珊瑚等常见之物外；有鲸鱼、有海豚、有海狗、有鳄鱼以及无数奇形之海怪，均系优伶所扮，举动、神情颇能酷肖……而以鲸鱼为其统带官员立于中央，向皇帝行礼。行礼时口中喷水，有数吨之多，以戏场地板建造合法，水一至地即由板隙流去，不至涌积。

由此可见，热闹壮观的场面是宫廷演剧追求的重要一面。为凸显热闹的场景，诸如《升平宝筏》《昭代箫韶》等剧本也在改编的过程中不断发展，对演出的方式、空间、背景也提出了新的要求，而传统的单层戏台，相对扁平化的演出空间，无法布设大型砌末，也不能提供多元化的出入场方式，三层戏楼依托雄厚的经济基础和先进的建筑技术应运而生。

2. 满足大型庆典活动的需求

吴振棫在《养吉斋从录》中透露了同乐园戏台为酬节之用，届时邀请宗室王公、蒙古王公、台吉、额附和属国配臣听戏。这种配合节庆的演出不仅具有戏曲的艺术性，更具有庆典的仪式性。多人参与的节庆活动就要求空间的宏大，而这种三层戏楼及其观戏的院落空间恰好就可以满足这一需求。乾隆五十三年《平定台湾战图册·清音阁凯宴将士》[14]、乾隆五十四年《平定安南战图册·阮光显入觐赐宴图》，就是承德避暑山庄清音阁戏楼承担大型庆典活动的再现。光绪朝慈禧太后万寿庆典，重修后的颐和园德和园大戏楼也承担了相应的庆典活动。为扩大活动空间，并使其不受风雨影响，看戏殿与戏楼之间的院落空间还搭设了罩棚。从以颐和园德和园大戏楼为背景的万寿庆典图中可以看出，此时的大戏楼已经超越了戏剧演出的功能，更偏向于对宏大空间和喜庆热闹场面的追求。这也是三层戏楼出现的动因之一。

3．弥补传统戏台流动性的不足

从中国古代剧场空间的发展来看，自古以来具有仪式性的傩戏、宴戏、灯戏等的表演形式，都具有流动性的特点，相应的表演空间也是水平向线性延伸的，这有助于实现更大场面的演出，服务于更多的观者。而当演剧空间固定于一方戏台，虽可三五步走遍天下，但其水平向的流动却受到了明显的限制，为满足戏剧表演流动性的需求，戏台空间竖向上下延伸也成为一种必然选择。清宫三层戏楼就是如此，在这种戏台演剧时，包括一层后部仙楼在内的四层台面均可用于演出，其间可以通过地井、天井、踏跺连通，使得演员和道具能在四层之间自由转换，是为清宫三层戏楼形成的又一动因。

五　结论

综上所述，圆明园同乐园戏楼初创于雍正朝，其内部两层，外显三层。乾隆初年，结合《升平宝筏》《鼎峙春秋》等大型连台剧本的创作，以及宫廷大型节庆庆典活动的需求，该戏楼被改为一座内有天井、地井和升降装置，以出场方式多元化、演出空间立体化为特征的三层戏楼。这种戏楼是宫廷戏剧追求闹热性、满足庆典活动需求和弥补演剧空间流动性不足三者共同作用发展的结果，也是乾隆朝经济文化繁荣、建筑技术发展的见证。

平行圆明园

从数字孪生园林到元宇宙智慧遗址公园

康孟珍　邱文忠　陈自富　王猛　许沙沙　王秀娟　倪爱东
蒋玉洁　陈世超　DE REFFYE Philippe　王飞跃

一　概述

圆明园是一座大型的清代皇家园林，历史上的圆明园由圆明园、长春园、绮春园三园组成。圆明园有百余处风景建筑群，占地 16 万平方米，是清朝帝王在 150 余年间修建和经营的一座大型皇家宫苑。盛时的圆明园是我国皇家园林的杰作，规模宏大，景色秀丽，是中国古典园林的集大成者，国际上被誉为“万园之园”“一切造园艺术的典范”。圆明园不仅以园林著称，还是收藏丰富的皇家博物馆，集中了历代珍藏的图书、字画、文物、珍宝。圆明园的建筑艺术亦是殊胜之作，布局和谐合理，体现了科学严谨的构思和精深博大的文化。

然而圆明园却最终沦为圆明园遗址。不平凡的经历和阅历注定了它具有独特的、多方面的价值，无论作为圆明园还是作为圆明园遗址，都是无价之宝。圆明园遗址是中国近 300 年历史的一个缩影，也是 19 世纪帝国主义侵略和掠夺中国的罪证。保护好、展示好、弘扬好圆明园，功在当代，利在千秋。目前，98% 的圆明园只剩下了部分地基和大致的轮廓，仅凭这些，参观者很难想象昔日的圆明园，更无法感悟圆明园博大精深的历史和文化。在这个新的时代，圆明园的价值，迫切需要通过一种全新的方式被国人广泛了解，被世界铭记。

二　圆明园管理工作现状

在党和国家领导人的关心下，圆明园管理处于 1976 年 11 月成立，结束了园内混乱的管理历史。1988 年 1 月 13 日，圆明园遗址被国务院公布为第三批全国重点文物保护单位，同年圆明园遗址公园正式开始对社会开放。1998 年 11 月，圆明园遗址公园被北京市国防教育委员会命名为“北京市国防教育基地”。2010 年 10 月，国家文物局将圆明园遗址公园列入第一批国家考古遗址公园。2019年，圆明园管理处启动“修复1860”项目。

圆明园管理处在“十三五”期间，守正创新，积极开展考古发掘和研究，实施多项重点遗址保护展示工程，建立地上可见遗存统计台账，开展遗存监测、文物数字化工作；深耕圆明园文化品牌，自主创新，设计产品2264个，文旅融合效应明显；持续提升生态环境建设，用生态方法解决生态问题；在宣传方面，利用传统媒体主动发声，借助“互联网+新媒体”及时快速发布圆明园文化信息，打造圆明园自媒体矩阵，年阅读量过亿。

新时期，圆明园管理处贯彻坚持“保护第一、加强管理、挖掘价值、有效利用、让文物活起来”的工作方针，强化顶层设计、科学规划，按照世界文化遗产的保护标准，积极处理经济建设和文物保护之间的关系、文物保护和合理利用之间的关系，注重文化导向，统筹推进遗址保护。创新思想和科技手段渗透于管理的各个方面，包括圆明园流散文物和文献的数字化回归，破损文物的数字化拼接和复原展示，馆内馆外、虚拟现实融合的圆明园遗址博物馆，云观展线上活动、园区监测预警平台等。在迈入元宇宙时代之际，围绕文物工作方针，如何统筹规划“智慧圆明园”，仍是具有挑战性和前瞻性的命题。

（一） 平行圆明园

随着人工智能、云计算、大数据、虚拟现实技术的迅猛发展，虚拟世界的数字化产品不再单纯扮演单向展示的角色，而是越来越多地影响现实世界，虚实相互作用。早在2004年，王飞跃研究员面向复杂系统管理和控制提出ACP平行系统方法[1]，其中ACP分别代表人工系统（artificial systems，A）或虚拟系统、计算实验（computational experiments，C）和平行执行（parallel execution，P）。ACP旨在针对实际系统难以建模、难以预测的问题，通过构建人工系统并进行计算实验，得出优化的人工系统管理控制策略，为实际系统提供参考。人工系统和实际系统相互影响和调整，不断地进行迭代优化和平行执行。

当前，平行系统及ACP理论已经在交通控制[2]、应急疏散[3]、艺术创作[4]、网络安全[5]、医院管理[6]等领域得到了成功应用。利用应用场景中的人工系统和实际系统进行虚实互动、迭代优化和平行执行，以提高实际系统的应用效果。随着物联网、移动互联网技术的普及应用，逐渐形成了虚拟和现实、物理和社会共融的系统，称为社会物理信息系统（cyber-physical-social systems，CPSS）。与工业的物理信息系统（cyber physical systems，CPS）相比，多了一个社会的维度。

本文依据CPSS+ACP 理论[7]，结合圆明园管理的需求，提出未来发展智慧化圆明园的建设思路，即平行圆明园。旨在实现从圆明园数字系统到智慧化操作系统的跨越，满足未来的圆明园管理对社会性、人文性与科学性发展的需要[8]。平行圆明园由真实圆明园和与之对应的虚拟圆明园组成，针对圆明园打造国家考古遗址公园样板、传承圆明园历史文化价值、深度发展文化旅游产业、彰显圆明园人文关怀、全面提升综合管理水平等各方面的规划需求，通过描述智能、预测智能和引导智能实现对真实圆明园的建模、推演、引导控制以及虚实结合的平行执行。

1 王飞跃．平行系统方法与复杂系统的管理和控制[J]. 控制与决策，2004, 19（5）: 485-489, 514.

2 CHEN L, LIN S B, LU X K, et al. Deep neural network based vehicle and pedestrian detection for autonomous driving: a survey[J]. IEEE Transactions on Intelligent Transportation Systems, 2021, 22（6）: 3234-3246.

3 胡玉玲，王飞跃，刘希未．基于ACP方法的高层建筑火灾中人员疏散策略研究[J]. 自动化学报，2014, 40（2）: 185-196.

4 郭超，鲁越，林懿伦，等．平行艺术：人机协作的艺术创作[J]. 智能科学与技术学报，2019, 1（4）: 335-341.

5 王飞跃．平行世界的平行安全：基于CPSS的生成式对抗安全智慧系统[J]. 信息安全与通信保密，2018, 16（10）: 21-22.

6 王拥军，王飞跃，王戈，等．平行医院：从医院信息管理系统到智慧医院操作系统[J]. 自动化学报，2021, 47（11）: 2585-2599.

7 WANG F Y, WANG Y F. Parallel ecology for intelligent and smart cyber-physical-social systems[J]. IEEE Transactions on Computational Social Systems, 2020, 7（6）: 1318-1323.

8 王飞跃，王艳芬，陈薏竹，等．联邦生态：从联邦数据到联邦智能[J]. 智能科学与技术学报，2020, 2（4）: 305-311.

（二） 平行圆明园的描述智能

平行圆明园的描述智能是从三个层次对圆明园的描述，从而构建一个圆明园的数字四胞胎，或统称为人工系统。

第一个层次是数字定义的圆明园。数字定义的圆明园是在虚拟空间对真实世界的重现，主要产出是三维数字化模型或产品，例如发掘遗址和文物的数字化扫描成果，结合实地考察和历史文献而设计的古建筑模型，也包括对历史某个时期的圆明园场景的重现，构建数字孪生[9]。此外也包括对圆明园资产盘点的数字化资源，这些数据资源令用户能够“明察其境”，并使得后续能够根据不同的应用需求提供数字化基础。

第二个层次是软件定义的圆明园。软件定义的圆明园基于数字圆明园中构建的建筑、文物等数字模型，针对圆明园在考古服务、文化传播、线上教育、旅游体验和生态设计上的功能进行相关事件的情景模拟和交互体验，例如虚拟考古、数字复原、数字教育等。与静态的由数字模型构成的虚拟圆明园区别在于，软件定义的圆明园建立虚拟圆明园中不同对象（建筑、文物、设施、环境甚至人员等）之间的联系和规则，强调基于设定的逻辑和规则模拟和表达特定的动态场景，以类似游戏的方式增强虚拟场景的体验感。基于软件定义的圆明园可以进行虚实之间的互动，可以有个虚拟场景的“自己”，其特点是“身临其境”。

第三个层次是想象定义的圆明园。想象定义的圆明园设定预期的目标，通过软件定义的圆明园的模拟推演，引导真实圆明园进行更优的遗址保护、文化传播、在线教育或生态设计。如果数字空间的圆明园表达了圆明园的过去和现在，软件定义的圆明园表达了未来圆明园的不同情况，想象定义的圆明园包括基于对未来圆明园的模拟来引导现在，即“智汇临境”。

数字定义、软件定义、想象定义的圆明园在实际系统中往往界限并不明显，它们共同构成真实圆明园的三类虚拟系统。目前，在圆明园虚拟系统构建方面，通过与第三方院所和机构的合作，已有较多的基础。2009 年，清华大学建筑学院郭黛姮教授创立了数字化复原圆明园团队，结合圆明园的社会文化背景，重现一个涵盖山水环境、建筑艺术、造园艺术、园林植物、遗址考古与发掘的“圆明园”。团队已经完成全园 108 处景区的数字化复原。通过数字化的手段对圆明园进行信息采集与整合，在此基础上复原出建筑、山水、植物景观的二维图纸和三维图像，通过从空间、尺度等层面进行综合分析，已取得若干富有新意的成果[10]。恢复圆明园的实体已不可能，虚拟圆明园则可在数字空间重现当年辉煌。

2020 年，虚拟圆明园盛景在北京首钢园以数字的形式得以重现。名为《重返·万园之园》的数字圆明园，结合圆明园相关考古成果、样式雷图档、老照片、铜版画等，通过数字技术还原圆明园消失的 50 余处美景，让参观者身临其境地感受“万园之园”带来的震撼[11]。三维的虚拟圆明园还可用于影片创作。影片《圆明园》用实地拍摄、情景再现、数字虚拟和史料文献展现相结合的方法，从点到面共同见证了圆明园这个人类艺术瑰宝的存在与消逝，让观众在新的视野下重新审视，以期更为全面地认知历史现象[12]。

在教育方面，虚拟圆明园可为公众的圆明园实地游览服务，让普通民众更容易认知和理

9 贾珺，贺艳．基于数字化技术的圆明园造园意匠研究 [J]. 中国建筑史论汇刊，2016（2）：341-364.

10 中国信息界．数字重现圆明园已消失的美景 [N]. 中国信息界，2020（4）：67.

11 曹毅梅．《圆明园》：数字影像写就的史诗 [J]. 电影文学，2010（8）：56-57.

12 王春法，王飞跃，鲁越，等．平行博物馆：新时代博物馆运营的智能管理与控制 [J]. 智能科学与技术学报，2021, 3（2）：125-136.

解如此重要的历史遗产[13]。实体游览中游客只能从废墟和文字描述中去想象当年圆明园的辉煌，而数字模型可提供游客脑海中匮乏的部分，达到移步换景的效果，深刻认识到圆明园的历史变迁。在生态方面，虚拟圆明园可展现古人在水文、植被管理和设计中的智慧，为目前的圆明园生态管理提供支持。在旅游文创方面，数字化复原的圆明园细节可供用户充分继承文化遗产，在此基础上进行创造和发挥，提炼出大众喜闻乐见的元素。例如，2022年七夕节，圆明园公开首发“创世徽章”“并蒂圆明”两款官方数字藏品。这两款数字藏品巧妙地融合了多个具有圆明园代表性的文化元素，并以新颖的创意设计进行呈现。

（三） 平行圆明园的预测智能

平行圆明园的预测智能是基于人工圆明园在信息空间进行各种情形的模拟和规划，以代替真实世界中耗费巨大的实验，节省人力和成本。预测智能在面向博物馆的展览、教育、安全方面的作用在参考文献[14]中已有详述。围绕智慧圆明园的建设，预测智能涉及的技术包括游客密度的仿真，为旅游路线设计提供参考；植被生长和恢复的模拟，进行景观修复动态预测；应急事件的模拟，推演疏散路线等。在数字空间，智能预测涉及虚拟用户行为的模拟和预测，为虚拟世界的管理提供支持。

随着元宇宙[15]概念的出现，圆明园也走上了与元宇宙接轨的道路，并推出了相关的文化产品。目前的圆明园元宇宙文化产品一般是对部分景点的数字重建，形成一个沉浸式的空间，例如时光买卖街的《千机圆明》全景沉浸式飞行体验空间。结合历史文献，还可设计和还原大量的历史场景，进一步可令用户置身其中，构成一个类似游戏的虚拟世界。在近年来全球疫情背景下，软件定义的圆明园可以突破地域的限制，构建一个无国界的圆明园，带来无限的可能。

（四） 平行圆明园的引导智能

平行圆明园的引导智能是根据圆明园所承载的功能，通过规划未来引导现在。引导智能实现虚拟和现实之间的反馈和闭环，需要使用数字空间的智能技术，来改变和影响真实世界。例如，根据游客监测和预测智能推导的多种旅游设计路线，进行实际道路设计的优化；结合实际场景和景观模拟，确定实际的景观设计方案，指导工程实施；基于应急情况的模拟落实疏散点和疏散路线。基于引导智能对于数字空间用户的管理包括管理规则的制定。

（五） 基于全中心化自治组织的平行圆明园

未来随着元宇宙技术的普及应用，虚拟世界的圆明园的发展和管理规则制定，虚拟与现实世界日益平行互动，形成虚实融合的社区。基于价值网络的全中心化自治组织（decentralized autonomous organization，DAO）[16]将带来新的运营模式。DAO是一个混序、扁平、平行（虚拟与现实）、人机合一的多中心的生态立体网状组织结构。随着信息技术的发展以及自身复杂性的不断增加，传统的管理模式等已经很难适应复杂多变的环境。在元宇宙时代，DAO可以将虚拟圆明园的数字产品作为资产进行管理和展示，开放文

13 杨林瑶，陈思运，王晓，等. 数字孪生与平行系统：发展现状、对比及展望[J]. 自动化学报，2019, 45（11）: 2001-2031.

14 尚晋. 再现建筑遗产 数字复原圆明园[J]. 中国文化遗产，2013（3）: 55-59.

15 WANG F Y. Parallel intelligence in metaverses: welcome to Hanoi![J]. IEEE Intelligent Systems, 2022, 37（1）: 16-20.

16 WANG F Y, DING W W, WANG X, et al. The DAO to DeSci: AI for free, fair, and responsibility sensitive sciences[J]. IEEE Intelligent Systems, 2022, 37（2）: 16-22.

化传播、文创设计、景观设计、参与式考古和保护等功能，建立社会智慧和资本的参与和共享机制，促进货币资本、人力资本以及其他要素资本充分融合[17]，从而更好地激发组织的效能并实现价值流转，为打造元宇宙时代的遗址公园样板提供思路。

基于 DAO 的平行圆明园在面向智慧圆明园涉及的业务场景和任务需求时（例如圆明园的文创设计），可以根据目标对任务所需的能力进行定义和分解，选择和调度使用合适的智能代理（针对特定任务的能力库），通过最优化评估和筛选，实现智能代理的灵捷配置，实现任务的自动派送和实施。随着以深度学习、强化学习、生成式对抗网络为代表的人工智能技术的快速发展，DAO 中的个体节点将成为自主和自治的智能代理（或称软件机器人），具备推理、决策、协作等功能[18]，回答未知场景下“what-if”式智能推演、计算实验以及自主决策，自动实现任务的识别、推荐、匹配和对接，从而实现高效的管理，快速调动组织人力和知识资本。

开放的平行圆明园将成为一个大众参与的平台，吸纳各方智慧，以 DAO 保证其管理。在遗址保护方面，可发动社会力量进行资金募集和遗址修复，打造无国界的圆明园。在文物活化方面，可利用数字资源，发挥文化创意，实现数字空间的价值体现。在旅游文创方面，DAO 可以支持数字空间的各种文创产品设计和流通平台。平行圆明园中的数字文物、人物、建筑都可赋予各自独一无二的身份，由数字化向“数字四胞胎”[19]发展是推动 DAO 智能化的基础。DAO 将为打破圆明园的物理边界提供基础设施，为任务的智能匹配、未来圆明园的管理及引导提供支持。

（六） 结束语

本文提出基于 ACP 平行系统理论的智慧圆明园的规划，提出了包括描述智能、预测智能、引导智能的平行圆明园的理论框架，并结合圆明园规划进行了论述。平行圆明园将服务于智慧圆明园的建设和发展，最终实现 6S：现实世界圆明园及游客的安全（safety）、文物及建筑的网络世界安全（security）、园区整体发展的可持续性（sustainability）、虚实世界中的隐私和个性化展示（sensitivity）、面向社会的全面服务（service）以及智慧的圆明园运营管理（smartness）[17]。圆明园肩负着打造国家考古遗址公园样板的责任，前瞻性的顶层设计有助于可持续的系统性的建设。

本文提出了平行圆明园不同层次的发展和应用，从单向的三维展示的圆明园到虚实互动的平行圆明园，并介绍了基于 DAO 的平行圆明园的运营模式。数字圆明园收集数据、分析数据、呈现数据，通过想象定义的圆明园应用于圆明园管理的模式创新、生态重构、改善体验等。三维重建、物联网等技术为圆明园的数字化提供了条件，虚拟现实、增强现实等技术则服务于数字产品的进一步利用，未来则进一步通过虚拟真实世界的互动来突破和提升圆明园的保护和管理。基于平行圆明园的描述、预测、指导，将打破圆明园的物理边界，产生新时代的创新运营模式。

与此相关，除了实际的文物，数字资产将是平行圆明园的价值的重要组成部分。目前，

17 丁文文，王帅，李娟娟，等．去中心化自治组织：发展现状、分析框架与未来趋势 [J]. 智能科学与技术学报，2019，1（2）：202-213.

18 YE P J, WANG S, WANG F Y. A general cognitive architecture for agent-based modeling in artificial societies[J]. IEEE Transactions on Computational Social Systems, 2018, 5（1）: 176-185.

19 刘腾，王晓，邢阳，等．基于数字四胞胎的平行驾驶系统及应用 [J]. 智能科学与技术学报，2019，1（1）：40-51.

20 WANG F Y, ZHANG W S, TIAN Y L, et al. Federated data: toward new generation of credible and trustable artificial intelligence[J]. IEEE Transactions on Computational Social Systems, 2021, 8（3）: 538-545.

圆明园的数字资产管理还在起步阶段，实际文物的数字盘点和监测刚刚实施，数字文物的知识产权则大多散落于各个合作机构。未来，圆明园将强化数字采集、数字处理、数字存储、数字复原、数字展示、数字传播等技术应用的布局，一方面继续与社会力量资源、创意、市场共享，另一方面开展数字化保护和共享。

本文讨论了平行圆明园的理论框架及其主要组成部分，其目的在于更好地实现圆明园原本的文化、保护、教育和展览等功能。未来，平行圆明园将作为智慧圆明园中智慧大脑的主要技术参考，通过联邦数据[20]实现不同圆明园间的数据交互，实现对智慧圆明园一实一虚两条主线的质量维系和效果提升，协助回答“如何管理、如何利用”这个涉及圆明园瑰宝的关键问题。